신앙주제별 53주 구역공과

날마다 성장하는
구역예배

21세기 구역공과 편찬위원회

하나님의 사람을
만들어 가는
엘맨
ELMAN

날마다 성장하는
구역예배

초판 1쇄   2021년 01월 01일

지 은 이   21세기 구역공과 편찬위원회
발 행 인   이규종
디 자 인   최주호
펴 낸 곳   엘맨출판사
등록번호   제13-1562호(1985.10.29.)
주   소   서울시 마포구 토정로 222
           한국출판콘텐츠센터 422-3
전   화   (02) 323-4060, 6401-7004
팩   스   (02) 323-6416
이 메 일   elman1985@hanmail.net

www.elman.kr

ISBN 978-89-5515-697-3 03230

값 6,500 원

공과를 내면서

　　우리의 삶의 과정에서 영혼을 살찌우는 일은 무엇보다도 중요합니다. 신앙의 기초를 든든히 하는 일, 믿음의 기둥을 세우는 일, 그리고 바람이 불어도 날아가지 않을 지붕을 씌우는 일, 이 모든 것이 예배와 교육으로 이루어집니다. 구역예배는 글자 그대로 구역식구들이 모여서 하나님께 예배드리는 시간입니다. 그런 가운데 말씀을 읽고, 듣고, 마음에 새기게 됩니다. 그러기에 기독교의 예배는 그 자체가 교육입니다. 그리고 예배와 함께 구역식구들이 모여서 예배와 함께 성도의 교제를 나누는 귀한 공동체적 시간입니다. 이 시간을 통하여 우리의 믿음과 신앙생활이 성장하고 발전하는 것입니다. 그러므로 우리는 구역예배를 소홀히 해서는 안 될 것입니다.

　　이번 공과는 신앙생활의 기초가 되는 주제들을 다시 한번 살펴보면서, 그동안 흐트러졌던 우리들의 신앙의 자세를 추스르고, 하나님께 더 가까이 다가설 수 있도록 하였습니다. 그리고 구역식구들이 함께 읽고 기도하도록 쉽게 만들었습니다.

　　아무튼 구역예배를 통하여 개인의 영적 성장과 함께 교회의 성장이 이루어지기를 기대하며, 이 교재를 이용하는 모든 교회에 하나님의 크신 사랑이 함께 하시기를 기도합니다.

2021년
21세기 구역공과 편찬위원회

차례

겸손

헌신

교제

말씀

이 예언의 말씀을 읽는 자와 듣는 자와
그 가운데 기록한 것을 지키는 자는
복이 있나니 때가 가까움이라
(계 1:3)

온전케 하시는 말씀

본문 : 딤후 3:13-17
찬송 : 200, 267장

"이는 하나님의 사람으로 온전하게 하며 모든 선한 일을 행할 능력을 갖추게 하려 함이라"(딤후 3:17)

　어린 시절 아버님이 고욤나무에 접붙인 단감나무에서 3년 만에 처음으로 19개의 탐스런 열매가 맺혔습니다. 10여 년 후 그 나무에서는 무려 300여 개의 맛좋은 단감을 딸 수가 있었습니다. 크게 자란 나무에서 더 많은 열매를 딸 수 있는 것입니다. 마찬가지로 예수님을 구주로 영접한 후 그리스도의 생명을 모신 성도의 믿음이 자라면 자랄수록 좋은 열매를 많이 맺어 하나님의 사람으로 온전케 되는 것입니다. 열매 맺는 가지를 깨끗하게 하시는 하나님의 말씀이 우리를 진리 가운데로 인도하십니다.

　첫째, 하나님의 말씀이 우리를 거듭나게 합니다.

　요 5:39 "너희가 성경에서 영생을 얻는 줄 생각하고 성경을 연구하거니와 이 성경이 곧 내게 대하여 증언하는 것이니라"

　벧전 1:23 "너희가 거듭난 것은 썩어질 씨로 된 것이 아니요 썩지 아니할 씨로 된 것이니 살아 있고 항상 있는 하나님의 말씀으로 되었느니라"

우리 구주 예수님은 세상이 있기 전에 말씀으로 계셨고, 그 말씀이 육신(사람)이 되어 이 세상에 우리의 구원자로 오셨습니다. 그러므로 예수님을 구세주로 영접한 사람은 예수님과 함께 신·구약성경을 모두 마음에 받은 자와 같습니다. 성경은 곧 예수님에 관한 하나님의 말씀이며, 말씀이 곧 예수님이시기 때문입니다. 그러므로 하나님의 말씀이 우리 속에 있으면 썩지 아니하며, 영원한 생명으로 거듭나게 됩니다.

둘째, 하나님의 말씀이 우리의 믿음을 자라게 합니다.

벧전 2:2 "갓난아기들 같이 순전하고 신령한 젖을 사모하라 이는 그로 말미암아 너희로 구원에 이르도록 자라게 하려 함이라"

태어난 아이가 어머니의 젖을 먹음으로써 자라는 것과 같이 성도는 자신의 믿음이 자라도록 하나님의 말씀을 사모해야 합니다. 건강한 아이는 젖을 잘 먹어도 병든 아이는 젖을 잘 먹지 못합니다. 신령한 젖을 사모하는 자는 매일 성경을 읽습니다. 교회가 정한 예배시간에 교회에 나가 설교를 듣습니다. 성경을 공부합니다. 중요한 말씀은 암송해 마음에 새기고 그것을 주야로 묵상합니다. 이런 믿음을 가진 자에게는 샘 곁의 무성한 나무가 담을 넘어 이웃을 유익케 하는 요셉의 복이 임합니다.

창 49:22 "요셉은 무성한 가지 곧 샘 곁의 무성한 가지라 그 가지가 담을 넘었도다"

성 아우구스티누스, 마르틴 루터, 존 칼빈, 존 웨슬리를 새롭게 한 것도 하나님의 말씀이었습니다. 우리도 하나님의 말씀으로 새롭게 되어야 합니다.

셋째, 하나님의 사랑으로 온전케 합니다.

온전하다는 말의 의미는 나누어지지 아니한 상태를 말합니다. 즉, 하나님의 사람이란 하나님과 나누어지지 아니한 온전한 사람을 말합니다. 하나님의 사람이란 하나님께 속한 사람이요, 하나님의 성품을 가진 자이므로, 하나님의 사람으로 온전케 된 자가 하나님의 일도 온전케 합니다.

요 17:23 "곧 내가 그들 안에 있고 아버지께서 내 안에 계시어 그들로 온전함을 이루어 하나가 되게 하려 함은 아버지께서 나를 보내신 것과 또 나를 사랑하심 같이 그들도 사랑하신 것을 세상으로 알게 하려 함이로소이다"

일의 열정이 우선이 아닙니다. 하나님의 말씀이 나를 주장함으로 말씀에 이끌림이 우선입니다. 예배, 교육, 봉사, 전도, 연보 등 하나님의 모든 일을 온전케 하는 온전한 사람이 되기 위해 오직 하나님의 말씀으로 충만한 자가 됩시다. 매일 습관적으로 성경을 읽어야 합니다.

/ 말씀을 생각하며 /

오늘 묵상한 말씀 요약

오늘 배운 말씀의 교훈

이번 주 나의 기도

나
가정
이웃
교회
기타

/ 제 2 주
순결하게 하는 말씀

본문 : 시 119:9-16
찬송 : 285, 505장

*"청년이 무엇으로 그의 행실을 깨끗하게 하리이까 주의 말씀만 지킬
따름이니이다"(시 119:9)*

이스라엘 백성들이 하나님을 떠나 우상을 섬기는 생활을 할 때, 하
나님께서 호세아 선지자를 부르시고, 하나님과 이스라엘 백성들의 관
계를 부부 관계로 설명하셨습니다. 즉, 이스라엘 백성들이 우상을 섬
기는 것을 남편을 떠나 외도하는 부정한 여인의 모습으로 비유하셨습
니다. 우리가 하나님 앞에서 두 마음을 품는 것은 남편을 떠나 다른 남
자와 부정하는 여인과 같은 것입니다. 하나님께서 기뻐하시는 삶이란
하나님 앞에서 거룩하고 온전하며 순결하게 사는 것입니다. 우리가 죄
의 유혹에서 자신을 지킬 수 있고, 죄의 더러움에서 자신을 순결하게
구별할 수 있는 방법은 하나님의 말씀을 따라 사는 것입니다.

첫째, 하나님의 말씀을 따라 행동해야 합니다.

시 119:9 "청년이 무엇으로 그의 행실을 깨끗하게 하리이까 주의 말
씀만 지킬 따름이니이다"(시 119:9)

이 말씀은 이미 우리가 죄로 더럽혀져 있음을 전제하고 있습니다.
죄인을 깨끗케 할 수 있고 정결케 할 수 있는 방법은 주님의 말씀을

따라 행동하는 것입니다. 여기서 청년의 때란 죄의 유혹에 밀려 넘어질 때, 죄의 파도에 휩쓸릴 때, 죄의 구렁텅이에 빠지게 될 때를 말합니다.

청년기에는 열정과 의지로 가득 차 있습니다. 이 시기에 죄악의 유혹과 사탄의 공격이 심각합니다. 사탄은 우리가 죄를 짓게 하려고 할 때에 나이를 상관하지 않습니다. 어린이로부터 노인에 이르기까지 모든 사람들에게 해당합니다. 세월이 흘러 노년이 되면 죄의 유혹은 더욱 집요하고 달콤하게 다가오는 것을 알게 됩니다. 질풍노도와 같이 밀려오는 죄의 유혹에서 자유로울 사람은 아무도 없습니다. 하나님을 기억하고 말씀이 뜻하는 대로 행동할 때 죄의 유혹에서 이길 수 있습니다.

둘째, 하나님의 말씀에서 떠나지 말아야 합니다.

시 119:10 "내가 전심으로 주를 찾았사오니 주의 계명에서 떠나지 말게 하소서"

시편 기자는 전심으로 여호와를 구하는 자는 주님의 계명에서 떠나지 않는다고 말합니다. 하나님의 말씀에서 떠나지 않는 것이 전심으로 주님을 찾고 구하는 일입니다. 그러나 우리가 전적으로 하나님을 바라보지 못하도록 하는 것이 있습니다. 바로 '염려'입니다. 우리 안에 있는 염려는 하나님을 찾지 못하게 만듭니다. 또 우리를 하나님께 향하지 못하도록 하는 것은 '불신앙'입니다. 그것은 하나님을 향한 의심이라고 할 수 있습니다. 전심으로 하나님을 찾지 않는 이유는 불신앙 때문입니다. 또한 우리가 전심으로 하나님을 찾지 않는 것은 우리 안에 하나님의 말씀이 없다는 증거입니다. 말씀이 없고 하나님에 대한 지식이 없을 때 하나님에 대한 사랑이나 하나님에 대한 갈망도 없습니다. 그러나 말씀이 우리 안에 있을 때 하나님의 사랑과 역사를 경험할 수 있습니다.

셋째, 주님의 말씀을 마음에 두어야 합니다.

시 119:11 "내가 주께 범죄하지 아니하려 하여 주의 말씀을 내 마음에 두었나이다"

이 세상에서 가장 귀한 것은 하나님의 말씀입니다. 그리고 그 말씀을 둘 수 있는 가장 적합한 장소는 바로 우리의 마음입니다. 우리의 마음은 생각과 긴밀한 관계가 있습니다. 나의 생각에 주님의 말씀이 거하고 있어야 합니다. 그것은 주님께 죄를 범하지 아니하려는 이유에서입니다.

고후 4:7 "우리가 이 보배를 질그릇에 가졌으니 이는 심히 큰 능력은 하나님께 있고 우리에게 있지 아니함을 알게 하려 함이라"

우리가 질그릇에 보배를 담고 있다고 말씀합니다. 그 보배는 바로 예수 그리스도입니다. 귀하신 주님을 질그릇에 담고 있다는 뜻입니다. 질그릇은 그다지 귀하거나 완전하지 않습니다. 그러나 그 안에 담겨 있는 예수 그리스도는 완전하시고 순결하시며 흠이 없으신 분이십니다.

주님의 말씀을 담는 우리의 마음은 실상 흠이 많습니다. 상처, 연약함, 부족함이 있는 우리의 마음이지만, 그 안에 보배이신 예수 그리스도를 담아둘 때 크신 능력이 우리에게 나타나는 것입니다. 주님의 말씀과 같이, 남에게 돌을 던질 수 있을 만큼 죄 없는 사람은 아무도 없습니다. 연약하고 부족하지만 우리 안에 하나님의 말씀을 둘 때, 우리는 능력을 나타낼 수 있고, 죄를 이기고 순결한 삶을 살게 됩니다.

/ 말씀을 생각하며 /

오늘 묵상한 말씀 요약

오늘 배운 말씀의 교훈

이번 주 나의 기도

나
가정
이웃
교회
기타

고난을 이기게 하는 말씀

본문 : 시 119:17-32
찬송 : 272, 449장

"내가 주의 증거들에 매달렸사오니 여호와여 내가 수치를 당하지 말
게 하소서 주께서 내 마음을 넓히시면 내가 주의 계명들의 길로 달려
가리이다"(시 119:31-32)

우리가 가야하는 길은 하나님께서 예비하신 본향으로 끝까지 달려
가는 것입니다. 하나님께서 우리를 이 땅에 태어나게 하신 것은 여기
서 적당히 그만두라는 뜻이 아니라, 예비하신 본향을 향해 끝까지 전
진해 나아가라는 뜻입니다. 때로는 우리 앞에 나타나는 고난으로 불
안하고 두려워하며 때로는 절망하기도 합니다. 그러나 고난에는 하나
님의 뜻이 있습니다. 성도는 고난 속에서 하나님의 뜻을 찾는 사람들
입니다. 고난을 이기게 하는 하나님의 뜻, 계획, 섭리 등을 바라보는
것이 성도의 삶입니다.

첫째, 말씀을 보는 눈이 열려야 합니다.

고난 속에서 말씀으로 승리하려면 말씀을 보는 눈이 열려야 합니다.
그래야 고난 가운데 하나님의 말씀을 통해 승리의 삶을 살아갈 수 있
습니다. 말씀을 보는 눈이 열리기 위해서는 먼저 하나님의 은혜가 필
요합니다. 우리 자신이 아무 것도 할 수 없는 연약한 존재라는 것을 고
백할 때, 하나님의 도우심이 임하십니다.

예수님께서 여리고로 들어가는 길목에서 바디매오라는 소경을 만났습니다. 바디매오는 예수님께서 지나가신다는 소리를 듣고 "다윗의 자손 예수여, 나를 불쌍히 여겨 주시옵소서!" 라고 외쳤습니다. 그는 보지 못했기 때문에 자신의 눈을 치료하고 보게 하실 예수님을 붙잡기 위해서 소리쳤습니다. 그때 주위 사람들은 조용히 하라며 꾸짖었습니다. 그러나 바디매오는 더욱 크게 간절히 부르짖었습니다. 그때 주님께서 그를 부르시고, 감긴 눈을 뜨게 해 주셨습니다.

눅 24:45 "이에 그들의 마음을 열어 성경을 깨닫게 하시고"

둘째, 궁극적인 승리를 믿어야 합니다.

우리가 고난에서 승리할 수 있는 방법은 고난 중에도 궁극적인 승리가 우리에게 있음을 믿는 것입니다. 그리고 고난은 하나님께서 우리를 향하신 사랑임을 알아야 합니다. 고난이 닥치면 우리는 아무런 존재가 아님을 알게 됩니다. 고난을 통해 겸손해지고 하나님께 나아가는 계기를 갖게 됩니다.

고난을 통해 하나님께서 우리의 모난 부분을 다듬으십니다. 연약한 부분을 고난으로 보충해 주십니다. 고난을 통과하면서 강해지고 성숙하며 성장하는 것입니다. 고난에는 하나님의 뜻이 있습니다. 지금 당하고 있는 고난은 어렵고 힘들지만, 분명한 것은 하나님께서 고난을 통해 계획을 갖고 계신다는 사실입니다. 우리를 다듬기도 하시고 겸손하게도 하시며, 성장시키기도 하시고 궁극적인 승리를 베풀어 주심을 믿음으로 고백해야 합니다.

셋째, 약속의 말씀을 의지하는 것입니다.

진토는 무덤을 덮는 흙을 말합니다. 진토가 상징하는 것은 낮고 비천하며 무가치하고 절망적인 상황을 의미합니다. 고난과 고통에 의해서 죽게 된 수렁과 늪 그리고 침체를 뜻합니다. '내 영혼이 진토에 붙였다'는 것은 고통과 고난 속에서 죽게 되었다는 것을 의미합니다. 우리가 하나님의 약속의 말씀을 의지하면 하나님께서 새 힘을 주시고 절망 중에 일어나게 하시며, 죽음에서 소생하게 하십니다.

열왕기상 19장에, 엘리야가 바알과 아세라 선지자 850명과 싸워 이긴 직후 이세벨의 추격을 피해 광야로 도망갑니다. 그는 공포와 두려움을 느끼고 도망합니다. 엘리야는 광야로 들어가 로뎀나무 아래서 하나님께 간구합니다. '하나님, 저를 죽여주십시오. 저는 진토와 같습니다. 저를 죽여주십시오. 저는 더 이상 두려움 때문에 살 수가 없습니다. 지금 이렇게 죽는 것이 낫습니다. 지금 저의 생명을 취하십시오.'

왕상 19:5-6 "로뎀나무 아래에 누워 자더니 천사가 그를 어루만지며 그에게 이르되 일어나서 먹으라 하는지라 본즉 머리맡에 숯불에 구운 떡과 한 병 물이 있더라 이에 먹고 마시고 다시 누웠더니"

우리가 깊은 무덤 같은 고난과 절망 속에 있을 때, 어찌할 수 없는 한계에 처했을 때 엘리야처럼 죽기를 각오하고 눈물로 주님 앞에 고백할 때, 하나님은 엘리야를 찾아와 주셨고 회복시켜 주셨습니다.

약속의 말씀을 의지하고 마지막까지 달려가야 합니다. 이번 한 주도 주님 앞으로 달려가는 성도님들이 되어야 하겠습니다.

/ 말씀을 생각하며 /

오늘 묵상한 말씀 요약

오늘 배운 말씀의 교훈

이번 주 나의 기도

나
가정
이웃
교회
기타

삶의 통찰력을 주는 말씀

본문 : 시 119:97-112
찬송 : 201, 217장

"내가 주의 법을 어찌 그리 사랑하는지요 내가 그것을 종일 작은 소리로 읊조리나이다 주의 계명들이 항상 나와 함께 하므로 그것들이 나를 원수보다 지혜롭게 하나이다"(시 119:97-98)

우리가 하루하루를 부끄러움 없이 살아갈 수 있다면, 하나님을 기쁘시게 하며 살아갈 수 있다면 그보다 더 큰 복과 은혜는 없을 것입니다. 그러나 현실은 그렇지 못할 때가 많습니다. 우리는 너무 자주 화를 내고, 쉽게 상처를 주고받기도 합니다. 죄에 대해 나약하게 무너지고, 선택의 기로에서 주저하다가 때를 놓치기도 합니다. 우리에게 삶의 뛰어난 통찰력이 있어서 그런 실수를 반복하지 않는다면 얼마나 좋겠습니까? 하나님의 말씀은 어렵고 어두운 인생에서 우리를 바른 길로 인도하십니다.

첫째, 말씀을 사랑해야 합니다.

시편 기자는 하나님의 말씀을 사랑한다고 고백하고 있습니다. 97절에 "내가 주의 법을 어찌 그리 사랑하는지요 내가 그것을 종일 작은 소리로 읊조리이다" 라고 기록하고 있습니다.

하나님의 말씀으로 삶의 통찰력을 얻기 위해서 우리는 주님의 말씀을 사랑해야 합니다. 우리가 주님의 말씀을 사랑할 때, 그 말씀을 묵상할 수 있습니다. 우리가 하나님을 사랑하면 항상 말씀을 묵상할 수 있습니다. 말씀을 묵상하는 것은 짐이 아니라, 오히려 말씀과 하나가 되는 은혜와 축복입니다. 시편 기자는 하나님의 말씀을 사랑하면 그 말씀이 원수의 지혜보다 더 지혜롭게 만든다고 고백합니다. 스승보다, 노인보다 더 명철하게 만든다고 고백합니다. 주님께서 스승의 지혜와 노인의 경험을 넘어서는 명철함을 허락하시기 때문입니다.

요셉은 젊은 나이에 애굽의 총리대신이 되었습니다. 그가 30세에 애굽을 다스릴 때, 나이가 많은 술사들도 요셉의 지혜를 따라갈 수 없었습니다. 다니엘 역시 포로 생활을 했던 사람입니다. 그러나 그의 지혜와 총명은 왕이 세 번이나 바뀌는 동안 총애 받는 신하로서 하나님의 일을 감당했습니다. 요셉과 다니엘은 하나님의 말씀을 늘 가까이 대하고 그 말씀을 사랑하며 순종했습니다. 그래서 하나님께서 그들에게 주신 지혜는 원수보다 지혜롭고 스승이나 노인보다 명철했습니다.

둘째, 말씀에 순종해야 합니다.

말씀에 순종한다는 것은 악한 길로 가지 않는 것을 의미합니다. 빛이 어둠과 공존할 수 없는 것처럼, 하나님은 죄와 벗할 수 없는 분이십니다. 하나님께서는 악한 길을 싫어하시고 죄악을 싫어하십니다.

살전 5:22 "악은 어떤 모양이라도 버리라"

악이 아무리 보기 좋게 포장되어 있다 하더라도, 반드시 버릴 것을 명령하십니다. 세상에 어중간한 길은 결코 없습니다. 하나님을 믿는 생명의 길이 아니면, 멸망으로 가는 죄악의 길뿐입니다. 본문 102절에, "주께서 나를 가르치셨으므로 내가 주의 규례들에서 떠나지 아니하였나이다"라고 기록되어 있습니다. 우리가 말씀에 순종한다는 것은 그 말씀을 배운다는 뜻입니다. 말씀을 배워야 뜻을 깨달을 수 있습니다.

죄악은 어떤 모양이든 어떤 경우이든 우리와 벗할 수 없고 같이 살수 없습니다. 그것이 아무리 달콤하게 다가온다 하더라도, 많은 것을 보상한다 하더라도 우리와 함께 갈 수 없습니다. 우리는 작은 부분의 죄악이라도 반드시 제거해야 합니다. 말씀에 순종한다는 것은 말씀이 죄로 규정한 모든 것들에서 떠나는 일입니다. 악한 길로 가지 않고 거짓 행위를 미워하며 말씀으로 가르침을 받는 것입니다.

셋째, 말씀을 등불로 삼아야 합니다.

주님의 말씀을 삶의 등불로 삼는다는 것은 우리의 삶이 어둡다는 사실을 전제하는 것입니다. 인생은 어둠 그 자체이며 인간의 뜻대로 되지 않는 것임을 인정해야 합니다. 인생에는 실패와 좌절, 근심과 걱정, 아픔과 슬픔, 괴로움과 고통, 고난과 역경, 순풍보다 역풍, 배반과 흉포, 배교와 패역, 간교와 간악 등 어둠의 요소가 많습니다. 우리는 사랑하는 친구에게 배반당할 때도 있고, 믿었던 사람들에게 오해와 무시를 받을 때도 있습니다. 또 우리가 원치 않지만 육신에 병이 들어 고통을 받을 때도 있다는 사실을 인정해야 합니다. 그래서 우리는 인생에서 빛이 필요합니다.

우리는 하나님께 '진정 도움이 필요하다'는 겸손한 마음으로 말씀 앞에 무릎을 꿇을 수 있어야 합니다. 하나님의 말씀은 순간마다 우리가 어디로 발을 내디뎌야 할지 밝히 보여주는 등불입니다. 그래서 우리는 매일 묵상해야 합니다. 묵상하는 말씀을 인생의 길에 등불로 비춰야 합니다. 나의 하루를 돌아봤을 때, 주님의 말씀이 진정한 빛이 되었다고 고백할 수 있어야 합니다.

/ 말씀을 생각하며 /

오늘 묵상한 말씀 요약

오늘 배운 말씀의 교훈

이번 주 나의 기도

나	
가정	
이웃	
교회	
기타	

/ 제 5 주
말씀을 새기는 법

본문 : 행 17:11
찬송 : 285, 520장

"베뢰아에 있는 사람들은 데살로니가에 있는 사람들보다 더 너그러워 서 간절한 마음으로 말씀을 받고 이것이 그러한가 하여 날마다 성경 을 상고하므로"(행 17:11)

예수님께서 광야에서 40일 금식기도를 마치셨을 때 사탄이 세 가지 시험을 했습니다. 그 시험은 에덴동산에서 아담이 사탄에게 받았던 것 과 동일한 주제였습니다. 아담은 사탄의 시험으로 무너져 죄를 짓고 에덴동산에서 추방될 수밖에 없었습니다.

하지만 둘째 아담인 예수 그리스도께서는 사탄의 시험을 모두 이기 셨습니다. 곧 하나님의 말씀으로 승리하셨습니다. 그것은 하나님의 말 씀이 예수님의 마음에 있었기 때문입니다. 오늘 주님을 믿는 우리도 동일하게 주님의 말씀을 마음에 새겨야 합니다.

첫째, 하나님의 말씀을 배워야 합니다.

하나님의 말씀을 배우는 것이 말씀을 마음에 두는 방법입니다. 우리 는 하나님의 말씀을 배우고, 배웠으면 가르쳐야 합니다.

딤후 4:13 "네가 올 때에 내가 드로아 가보의 집에 둔 겉옷을 가지 고 오고 또 책은 특별히 가죽 종이에 쓴 것을 가져오라"

바울은 죽을 날이 얼마 남지 않았음에도 불구하고 책을 가져오라고 했습니다. 그 책은 하나님의 말씀일 수도 있고, 그가 기록하길 원하는 하나님의 말씀일 수도 있습니다. 중요한 것은 사도 바울이 죽을 날이 얼마 남지 않았음에도 배우고자 했던 점입니다.

행 17:11 "베뢰아에 있는 사람들은 데살로니가에 있는 사람들보다 더 너그러워서 간절한 마음으로 말씀을 받고 이것이 그러한가 하여 날마다 성경을 상고하므로"

'상고'라는 말은 자세히 읽고 살펴서 본의를 곰곰이 되새긴다는 뜻입니다. 베뢰아 사람들은 하나님의 말씀이 무엇인지 자세히 읽고 살펴서 마음에 새겼다고 말씀하고 있습니다. 우리도 하나님의 말씀을 열심히 배워야 합니다. 말씀의 뜻이 무엇인지 자세히 읽고 헤아려서 마음에 새겨야 합니다. 죽는 날까지 말씀을 배우고 마음에 담아 두어야 합니다.

둘째, 입술로 말씀을 선포하고 즐거워해야 합니다.

입술로 말씀을 선포한다는 것은 곧 말씀을 소리 내어 읽는 것입니다. 재물을 즐거워함같이 말씀을 즐거워합니다. 주님의 말씀을 입술로 선포하는 것 중의 하나는 찬송을 부르는 것입니다. 찬송가의 가사들은 대개 말씀에 기초하고 있습니다. 찬송을 많이 부르는 것은 하나님의 말씀을 입술로 선포하는 것과 같은 것입니다.

우리는 입술로 하나님의 말씀을 선포해야 합니다. 눈과 마음으로 하나님의 말씀을 읽을 뿐 아니라, 입술로 읽는 것도 중요합니다. 그와 더불어 말씀에 근거한 찬송을 부를 때, 말씀을 마음에 둘 수 있습니다. 찬양으로 영혼에 말씀을 외치며 스스로 그 말씀을 듣는 것입니다.

눅 24:32 "그들이 서로 말하되 길에서 우리에게 말씀하시고 우리에게 성경을 풀어 주실 때에 우리 속에서 마음이 뜨겁지 아니하더냐"

하나님의 성령께서 말씀을 설명해 주실 때 우리의 마음은 뜨거워집니다. 말씀을 즐거워하고 입술로 말씀을 선포할 때, 우리의 마음은 뜨거워집니다. 우리가 찬송을 부를 때 가사 속에서, 곡조 가운데서 마음이 뜨거워지는 것을 경험할 수 있습니다. 길을 걷거나 운전할 때, 직장에서 일을 하거나 쉴 때마다 하나님의 말씀을 찬송하시기 바랍니다. 찬송과 말씀에는 능력과 은혜가 있습니다.

셋째, 주님의 말씀을 암송하는 것입니다.

우리가 주님의 말씀을 암송하면 많은 유익이 있습니다. 말씀을 암송하면 그 말씀을 묵상할 수 있습니다. 말씀을 묵상하는 것은 캄캄한 곳에서 불을 켜는 것과 같습니다. 하나님께서 우리를 사랑하시는 것을 구체적으로 알 수 있습니다.

우리가 하나님의 말씀을 암송할 때 하나님께서 어떠한 분이신지 알려 주십니다. 한 주일에 한 구절씩이라도 암송하겠다는 소원을 갖고 말씀을 암송하시기 바랍니다. 말씀을 암송하면 우리에게 많은 유익이 있습니다. 하나님의 말씀을 우리 가운데 두셨다는 것은 말씀을 암송하는 일입니다. 말씀을 암송하고 마음 판에 새기며 묵상함으로써 놀라우신 하나님의 뜻을 우리의 삶 속에 이루어야 합니다.

잠 3:3 "인자와 진리가 네게서 떠나지 말게 하고 그것을 네 목에 매며 네 마음판에 새기라"

/ 말씀을 생각하며 /

오늘 묵상한 말씀 요약

오늘 배운 말씀의 교훈

이번 주 나의 기도

나
가정
이웃
교회
기타

/ 제 6 주
하나님의 음성을 들을 때

본문 : 합 3:16-19
찬송 : 40, 310장

"내가 들었으므로 내 창자가 흔들렸고 그 목소리로 말미암아 내 입술이 떨렸도다 무리가 우리를 치러 올라오는 환난 날을 내가 기다리므로 썩이는 것이 내 뼈에 들어왔으며 내 몸은 내 처소에서 떨리는도다"(합 3:16)

　우리는 내가 하고 있는 일이 과연 하나님의 뜻에 합당한 일인가 하고 생각할 때가 있습니다. 또 우리는 하나님의 뜻이라고 믿으면서도 내 생각과 욕심, 야망이 그 안에 있는 것은 아닌가 하는 회의가 가끔 듭니다. 어디까지가 하나님의 뜻이고 어디까지가 내 생각일까 하는 혼돈에 빠질 때도 있습니다. 하박국 선지자도 하나님의 음성을 듣고 이런 갈등과 고민을 했습니다.

　이성으로만 하나님을 만나는 사람은 이렇게 흥분하지 않습니다. 그러나 깊은 고난과 역경, 절망 중에 전심으로 하나님을 만나는 사람은 하박국 선지자가 말하는 그런 간증, 고백, 용기, 믿음, 환상이 생겨납니다.

첫째, 부흥과 긍휼이 일어납니다.

　하박국 선지자는 성소에 계신 하나님을 만나고 환상을 보고 하나님의 음성을 들은 후 그의 원망은 기도로 변하였습니다.

합 3:2 "여호와여 내가 주께 대한 소문을 듣고 놀랐나이다 여호와여 주는 주의 일을 이 수년 내에 부흥하게 하옵소서 이 수년 내에 나타내시옵소서 진노 중에라도 긍휼을 잊지 마옵소서"

하박국 선지자가 하나님의 음성을 들었습니다. 자기 조국의 비참한 운명, 국제정세의 참혹한 현실, 살아날 방법이 없는 절망 중에서 하나님의 음성을 듣는 순간 그는 기도를 드립니다.

모세가 광야에서 구름기둥과 불기둥을 발견했던 것처럼, 쓴 물이 단 물이 되는 것을 목도했던 것처럼, 최악의 상황인 광야에서 이런 비밀들을 발견하기 시작할 때 광야는 흥분되고 감격스러운 복이 된다는 사실을 경험합니다.

그 마음에 부흥에 대한 소망이 생겨난 것입니다. '살아난다, 부활한다, 내일이면 변한다, 황무지에서 장미꽃이 핀다.'는 소망이 생겼습니다. 최악의 상황에서 하나님의 영광이 임하는 것을 본 것입니다.

그리고 하나님의 진노를 받아 마땅한 존재이지만, 부모가 자식의 허물을 감싸 주듯이 하나님은 우리의 허물을 다 덮어주십니다. 하나님은 우리를 불쌍히 여기심으로 우리를 다시 살아나게 하신 것입니다.

둘째, 삶의 전환점이 됩니다.

하박국은 하나님의 음성을 들으면서 하나님의 영광, 광채, 온 세계에 가득한 하나님의 위대하심을 보게 된 것입니다. 바다를 밟으시고 바다와 강과 모든 것을 흩으시고 악한 세력을 하나님께서 순식간에 무찌르십니다. 누구도 무찌를 수 없는 강대국을 무찌르십니다. 승리하시는 그 하나님의 영광을 본 것입니다. 하나님의 음성을 듣고 환상을 보고 나면 어떤 절망도, 죽음도, 패배도 나를 절망하게 할 수 없습니다.

합 3:16 "내가 들었으므로 내 창자가 흔들렸고 그 목소리로 말미암아 내 입술이 떨렸도다 무리가 우리를 치러 올라오는 환난 날을 내가 기다리므로 썩이는 것이 내 뼈에 들어왔으며 내 몸은 내 처소에서 떨리는도다"

예수님 믿는 것은 단순한 지적 활동, 이성적 활동이 아닙니다. 신앙은 내 심장을 쏟는 것입니다. 하박국 선지자는 하나님의 음성을 들었을 때 창자가 떨리고 입술이 떨리는 변화가 일어났습니다. 이것이 하나님을 경험하는 것입니다. 1장과 2장 그리고 3장 사이에 변화가 일어났습니다. 하박국 선지자가 하나님의 음성을 들었기 때문입니다.

사랑하는 성도 여러분, 저는 여러분에게 환경의 어려움을 이야기하고 싶지 않습니다. 하나님을 사랑하는 사람, 특별히 하나님의 일을 하는 사람은 하나님의 음성을 들어야 합니다. 그리고 하나님의 음성을 듣고 변화를 받아야 합니다.

셋째, 그리스도를 만나게 됩니다.

신앙은 말씀안에서 하나님의 음성을 듣는 것입니다. 하나님을 만나고 경험하고 체험하려면 말씀하시는 하나님을 만나야 합니다. 하나님은 영이시기 때문에 우리는 하나님의 실체를 볼 수 없습니다. 하나님을 만나는 사람은 말씀을 들을 뿐이지 보지도 만지지도 못합니다. 우리는 육이고 그분은 영이시기 때문에 그분을 실제로 경험하는 것은 아무 것도 없습니다. 그러나 실체가 잡히는 것이 있는데, 곧 말씀입니다. 하나님의 말씀을 들으므로 우리는 하나님의 실체를 경험할 수 있습니다. 우리가 경험할 수 있는 실체가 바로 예수님이십니다.

하나님의 말씀은 성령의 감동으로 기록된 것입니다. 그래서 성령을 통해 말씀을 경험하고, 말씀을 통해서 그리스도를 만나게 됩니다.

/ 말씀을 생각하며 /

오늘 묵상한 말씀 요약

오늘 배운 말씀의 교훈

이번 주 나의 기도

나
가정
이웃
교회
기타

/ 제 7 주
말씀에 붙잡힌 삶

본문 : 행 18:1-11
찬송 : 200, 182장

"실라와 디모데가 마게도냐로부터 내려오매 바울이 하나님의 말씀에 붙잡혀 유대인들에게 예수는 그리스도라 밝히 증언하니"(행 18:5)

히틀러의 경호원 중에 쿠르트 바그너라는 사람이 있었습니다. 그는 히틀러를 신(神)처럼 숭배했습니다. 그러나 히틀러가 베를린의 한 벙커에서 자살하자 그의 모든 신념과 희망도 사라져버렸습니다. 그도 자살을 결심했습니다. 마지막으로 커피 한 잔을 마시던 중 그의 눈에 성경 한 권이 들어왔습니다. 처음에는 무심코 읽었으나 점점 성경에 빠져들었습니다. 바그너는 목사님을 찾아가 자신의 죄를 고백하고 평화를 사랑하는 사람으로 다시 태어났습니다. 하나님의 말씀은 전쟁을 좋아하는 사람을 평화의 사람으로 변화시키는 힘이 있습니다. 말씀에 붙잡힌 바 될 때 우리의 인생은 달라집니다.

첫째, 인생의 방향 수정이 시작됩니다.

하나님은 사(바)울의 앞날에 풍성한 것으로 예비해 놓았습니다. 그러나 주님을 만나기 전까지는 결코 그는 변화된 삶을 살 수가 없었습니다. 하나님의 말씀에 붙잡혀 사는 사람들과 대화를 해보면 그 사람의 계획과 꿈은 분명하고 확신에 차 있습니다. 그리고 하나님이 함께 하신다는 확신이 있습니다. 그 마음에 감동으로 꽉 차 있습니다.

'붙잡힌다'는 말은 억압을 받는다는 개념이 아니라 인격적인 만남이 수반되는 말씀입니다. 하나님과의 인격적인 만남에는 변화가 뒤따릅니다. 하나님의 말씀에 붙잡히면 우리는 분명히 방향의 인도를 받습니다.

수없이 많은 비행기가 공중을 납니다. 그러나 부딪치지 않습니다. 컴퓨터에 목적지와 방향이 입력이 되어 있기 때문에 자동으로 날아가기 때문입니다. 하나님은 더 정확하십니다. 하나님의 말씀이 우리 심령 속에 들어오고, 우리가 그 말씀에 붙잡히기만 하면 내가 무엇을 하며, 무슨 목적으로 살아가야 할지 알게 되는 것입니다. 하나님의 말씀이 방향을 잡아주기 때문입니다. 많은 사람들이 주님을 만나고 인생의 방향이 수정되었습니다.

둘째, 인격의 변화가 일어납니다.

우리가 음식을 몇 끼만 안 먹어도 힘이 빠집니다. 만사에 의욕이 없어집니다. 그런데 음식을 먹으면 금방 힘이 생깁니다. 그것은 음식이 소화가 되면서 에너지를 만들어 주기 때문입니다. 이처럼 우리가 하나님의 말씀에 붙잡히면 영적인 공급을 받습니다. 말씀이 깨달아지고, 힘과 소양을 얻습니다. 전에는 성경을 읽으면 수면제를 먹는 것과 같이 졸음이 왔지만, 이제는 감격과 눈물과 힘을 얻습니다.

땅이 산성화되면 열매를 잘 맺지 못합니다. 그러나 거름을 자꾸 주면 점점 알칼리성으로 바뀌고, 다시 좋은 열매를 맺게 합니다. 이와 같이 하나님의 말씀은 우리로 하여금 인격을 변화시켜 줍니다.

하나님의 말씀에 붙잡히면 그 사람의 지식이 달라집니다. 생각도, 말도, 가치관도, 목적도 변하기 시작합니다. 인격이 변하면 언어가 바뀝니다. 교만하던 사람이 겸손하게 됩니다. 부정적이고, 좌절과 낙심으로 꽉 차 있는 사람이 하나님의 말씀으로 말미암아 긍정적인 사람이 될 수 있으며, 새로운 희망을 가지고 삶을 살 수 있게 됩니다. 사람들을 이해하게 되고 용서하게 됩니다. 주님의 긍휼하심으로 사람들을 보게 됩니다. 하나님의 영감이 공급되었기 때문입니다.

셋째, 예수가 나의 주라는 것을 증거하기 시작합니다.

전에는 교회와 그리스도에 대해서 말하기가 부끄러웠으나 이제는 입을 열어 그리스도를 증거하게 됩니다. 담대함이 있습니다. 확신에 차서 권면합니다. 그 증거와 권면에는 감동이 있습니다. 왜 그렇습니까? 마음에 체험이 있기 때문입니다. 주님께서 함께하시는 확신이 있기 때문입니다. 그러면 어떻게 하면 하나님의 말씀에 붙잡힐 수 있을까요? 하나님의 말씀을 사람의 말로 듣지 않고 하나님의 말씀으로 들어야 합니다. 데살로니가 교인들의 신앙생활에 믿음의 역사와 수고와 소망의 인내가 나타났습니다. 그것은 그들이 하나님의 말씀을 사람의 말로 듣지 아니하고 하나님의 말씀으로 들었기 때문입니다.

히 4:12 "하나님의 말씀은 살아 있고 활력이 있어 좌우에 날선 어떤 검보다도 예리하여 혼과 영과 및 관절과 골수를 찔러 쪼개기까지 하며 또 마음의 생각과 뜻을 판단하나니"

그러므로 그 말씀을 들을 때 말씀에 붙잡히게 되는 것입니다. 사울이 하나님의 말씀으로 위대한 사도로 변하여 놀라운 선교 사역을 이룬 것처럼, 우리들도 하나님의 말씀에 잡힌 바 되어 하나님의 말씀을 전하는 자들이 되어야 하겠습니다.

/ 말씀을 생각하며 /

오늘 묵상한 말씀 요약

오늘 배운 말씀의 교훈

이번 주 나의 기도

나
가정
이웃
교회
기타

말씀을 즐거워하는 자의 복

본문 : 시 1:1-6
찬송 : 200, 201장

"복 있는 사람은 악인들의 꾀를 따르지 아니하며 죄인들의 길에 서지 아니하며 오만한 자들의 자리에 앉지 아니하고 오직 여호와의 율법을 즐거워하여 그의 율법을 주야로 묵상하는도다"(시 1:1-2)

주일 예배를 드리고 돌아가는 사람들을 대상으로 한 어느 설문조사에 의하면, 그들 중 약 52% 이상이 다음 예배 시간에 나올 때까지 성경을 보지 못한다고 합니다. 따라서 예배 시간에만 성경을 펴보는 것입니다. 물론 예배 시간에 안 나오는 사람보다는 훨씬 낫지만, 한 주간 하나님과 깊은 대화를 한 번도 가지지 못했다는 점에서 안타까운 일입니다. 하나님의 음성에 귀 기울일 기회가 전혀 없었다는 것입니다. 신앙생활의 성패는 얼마만큼 하나님의 말씀과 끊임없이 지속적인 관계를 잘 유지하느냐에 달려 있습니다. 하나님의 말씀으로 하나님과 긴밀하고 지속적인 관계를 잘 유지하는 사람은 살게 됩니다.

첫째, 거룩하여집니다.

시 1:1 "복 있는 사람은 악인들의 꾀를 따르지 아니하며 죄인들의 길에 서지 아니하며 오만한 자들의 자리에 앉지 아니하고"

죄인과 가까이 사귀지 아니하며, 죄를 용납하지 않으며, 하나님의 자녀로서 하나님의 자녀다움을 지키는 것을 일컬어 거룩이라고 합니다. 만약 우리가 이 거룩함에 실패해 버리면 아무리 기도하고 설교를 듣고 은혜 받았다 할지라도, 그 사람의 신앙생활은 이미 물이 새는 신앙생활입니다. 은혜를 간직할 수 없게 됩니다. 죄와 가까이 하고, 죄를 짓고, 잘못된 생활에 빠지면 한동안 아무리 큰 은혜를 받았다고 해도 소용이 없습니다. 그러므로 우리가 사는 일은 거룩을 지키는 것입니다.

시 119:11 "내가 주께 범죄하지 아니하려 하여 주의 말씀을 내 마음에 두었나이다"

내가 죄 짓지 않기 위해서는 다른 대안이 없습니다. 하나님의 말씀을 내 마음에 가득히 채워야 합니다. 그 결과 이 시편 기자는 죄를 짓는 생활에서 자유할 수가 있었습니다. 따라서 거룩함의 형통은 하나님의 말씀을 마음에 두고 묵상할 때 옵니다.

둘째, 위로를 받습니다.

시 119:50 "이 말씀은 나의 고난 중의 위로라 주의 말씀이 나를 살리셨기 때문이니이다"

인생을 살면서 곤란한 일들을 만날 때가 한두 번이 아닙니다. 낭떠러지에서 떨어지는 듯한 절망감을 느낄 때가 한두 번이 아닙니다. 내힘으로 도무지 어떻게 할 도리가 없구나 하고 절망감을 느끼는 때가 한두 번이 아닙니다. 이럴 때 하나님의 말씀은 나를 위로합니다. 나에게 능력을 줍니다. 그래서 "주의 말씀이 나를 살리셨음이니이다" 라고 고백하는 것입니다. 우리가 하나님의 말씀을 마음에 묵상하면 위로를 받게 될 뿐만 아니라 그 위로가 풍성하게 됩니다. 이것이 바로 위로의 형통입니다.

힘을 잃어버리고 앉아 있으면 하나님께서는 말씀을 통해서 그를 붙들어 일으켜주시는 것입니다. 자신감이 없고 사람이 두려워지면 여유와 담대하게 대할 수 있도록 힘을 주시는 것입니다.

셋째, 지혜를 얻게 됩니다.

세상을 살면서 기로에 설 때가 많습니다. 지혜가 필요한데 지혜가 없어 안타까워할 때가 많습니다. 어느 길이 옳은지, 어느 길이 틀린지를 내 지혜로 판단할 수 없을 때, 하나님이 주시는 지혜가 얼마나 절실한지 모릅니다. 아무리 찾아도 내 스스로 지혜를 찾지 못할 때가 있습니다. 바로 이런 어려운 기로에서 지혜를 얻는 것만이 우리가 사는 길입니다.

성경은 지혜의 책입니다. 우리는 이 책을 통해서 삶의 지혜에 대한 최고봉을 발견하게 되며, 그리스도를 통해서 하나님이 우리 인간을 얼마나 사랑하시는지 그 사실을 깨닫게 됩니다. 이 말씀을 읽을 때 정치하는 사람이 정치를 바로 하게 되며, 예술가가 영감을 얻으며, 과학자는 우주의 신비를 체험하며, 가정에서 행복의 비결을 발견하게 되는 것입니다. 지혜는 경험이나 세상의 모든 학문, 또는 우리가 존경하는 분들과의 대화를 통해서도 얻을 수 있습니다. 그러나 정말로 중요한 지혜, 보배처럼 값진 지혜는 하나님의 말씀을 통해서 얻습니다.

잠 3:18 "지혜는 그 얻은 자에게 생명 나무라 지혜를 가진 자는 복되도다"

/ 말씀을 생각하며 /

오늘 묵상한 말씀 요약

| |
| |

오늘 배운 말씀의 교훈

| |
| |

이번 주 나의 기도

나
가정
이웃
교회
기타

기도

이르시되 기도 외에 다른 것으로는
이런 종류가 나갈 수 없느니라 하시니라
(막 9:29)

기도란 무엇인가?

본문 : 마 6:9
찬송 : 218, 503장

"그러므로 너희는 이렇게 기도하라 하늘에 계신 우리 아버지여 이름이 거룩히 여김을 받으시오며"(마 6:9)

　기도는 인간의 욕구 표현이지만, 하나님을 강제로 움직이는 수단이 되는 것은 아닙니다. 기도는 말씀의 선포, 성례전의 집행, 성도의 교제와 함께 하나님의 구원의 행위를 드러내는 요소입니다.
　성도의 기도는 하나님께 예배를 드리는데 있어서 매우 중요한 한 부분을 차지하고 있습니다. 성도의 바른 기도 생활은 하나님께 바르게 예배하는 생활이 되기 때문입니다. 기독교적인 바른 기도는 이방 종교에서 행해지는 염불이나 복을 비는 기복 행위와는 같지 않습니다.

첫째, 기도의 주체

　일반적으로 기도는 누구나 할 수 있는 것처럼 생각합니다. 그러나 기독교적 참된 기도는 누구나 할 수 있는 것이 아닙니다. 왜냐하면 창조주 하나님과 인간 사이에는 타락으로 말미암아 죄의 담이 가로막혀 있기 때문입니다. 그렇다면 누가 하나님께 기도할 수 있겠습니까?

　롬 8:34에서 "누가 정죄하리요 죽으실 뿐 아니라 다시 살아나신 이는 그리스도 예수시니 그는 하나님 우편에 계신 자요 우리를 위하여 간구하시는 자시니라"

죄로 더러워진 인간은 감히 하나님께 기도할 수 없기 때문에 우리의 구속주이신 예수 그리스도께서 대신 기도해 주십니다. 따라서 기독교에 있어서 효력 있는 참 기도의 주체는 오직 우리의 구속주이신 예수 그리스도 한 분뿐이십니다. 거룩하신 하나님은 성자이신 예수 그리스도의 기도만이 효력 있게 하십니다. 그렇다고 성도들은 하나님께 기도할 수 없다는 말은 물론 아닙니다. 어디까지나 성도들은 기도의 직접적인 주체가 될 수는 없지만, 예수 그리스도의 공로에 의존하여 그리스도의 이름으로 기도할 수 있는 것입니다. 그러므로 하나님께 드리는 기도의 직접적인 주체는 우리의 구속주이신 그리스도이십니다.

요 16:24 "지금까지는 너희가 내 이름으로 아무것도 구하지 아니하였으나 구하라 그리하면 받으리니 너희 기쁨이 충만하리라"

둘째, 기도의 요건(要件)

성도들이 구속주이신 예수 그리스도의 이름으로 하나님께 기도를 드림에 있어서 반드시 갖추어야 할 요건들이 있습니다.
타락으로 인하여 하나님과 원수 된 상태에서의 인간의 기도가 절대 효력이 있을 수 없습니다. 따라서 우리의 기도가 효력 있는 기도가 되기 위해서는 하나님과의 화목이 무엇보다도 중요한 요건이 됩니다.

요 17:21 "아버지여, 아버지께서 내 안에, 내가 아버지 안에 있는 것 같이 그들도 다 하나가 되어 우리 안에 있게 하사 세상으로 아버지께서 나를 보내신 것을 믿게 하옵소서"

우리 성도가 하나님과 화목을 이루는 방법은, 하나님과 예수님이 하나가 되시고, 다음으로 예수님과 우리 성도가 하나가 되는 데서 이루어집니다. 즉 예수님만을 통하여 하나님과 우리가 화목을 이룰 수 있다는 것입니다. 이렇게 하나님과의 화목이 이루어져야 기도의 첫째 요건이 갖추어집니다.

그리고 우리 성도들은 그리스도의 지체가 되었을 때 효과 있는 기도를 드릴 수 있습니다. 하나님의 아들 예수 그리스도와 신령한 연합을 이루어 자녀의 명분을 얻은 자들의 기도를 들어주신다는 약속이기도 합니다.

셋째, 기도의 대상

기도는 성경이 가르치는 전능하신 하나님 아버지께 드립니다. 물론 삼위의 구별 없이 성부, 성자, 성령, 삼위일체의 하나님께 기도를 드립니다. 우리가 하나님께 기도를 드린다는 것은 그가 전능자라는 전제 아래서 가능합니다. 우주와 만물을 지으시고 주관하시며 섭리하시는 전능자 하나님만이 효과 있는 기도의 응답자가 되실 수 있기 때문입니다. 성도가 드리는 기도가 찬송과 감사, 고백, 간구 등으로 엮어지는데, 전능하신 하나님 외에는 이를 받으실 분이 없습니다.

요 16:10 "의에 대하여라 함은 내가 아버지께로 가니 너희가 다시 나를 보지 못함이요"

아버지의 것이 곧 아들의 것이기 때문에 하나님의 아들 예수 그리스도와 연합이 되어 양자의 명분을 얻은 성도가 아버지 되신 하나님께 예수의 이름으로 기도를 드리는 것은 너무도 당연한 것입니다. 결국 기독교의 참된 기도의 대상은 전능하시며 아버지 되시는 하나님이십니다.

/ 말씀을 생각하며 /

오늘 묵상한 말씀 요약

오늘 배운 말씀의 교훈

이번 주 나의 기도

나	
가정	
이웃	
교회	
기타	

무엇을 기도하는가?

본문 : 마 6:33, 엡 6:18
찬송 : 208, 436장

"모든 기도와 간구를 하되 항상 성령 안에서 기도하고 이를 위하여 깨어 구하기를 항상 힘쓰며 여러 성도를 위하여 구하라"(엡 6:18)

예수님께서 먼저 하나님의 나라와 그의 의를 구하라고 하셨는데, 이는 우리가 기도할 내용입니다. 하나님의 거룩한 영광, 천국이 임함, 뜻이 땅에서 이루어짐, 일용할 양식, 죄 용서, 악에서의 구출 등은 하나님의 나라와 하나님의 의를 구하는 것입니다. 이 모든 것들은 이미 우리에게 약속되어 있는 사실들임을 기억해야 합니다. 그러므로 참된 기도는 하나님의 뜻에 의하여 이미 약속된 것들을 그 내용으로 삼는 것입니다.

첫째, 하나님과의 바른 관계를 위해 기도해야 합니다.

기도는 하나님과의 대화이므로 사람과 대화하듯이 할 수 있는 능력과 생각을 길러야 됩니다. 대부분의 사람은 너무 어렵게 생각하여 기도하기를 주저합니다. 그러나 그것은 기도에 대한 개념이 정리되지 않았기 때문입니다.

기도는 교제이며 하나님께서 우리에게 말씀하시는 것을 듣는 것입니다. 또한 기도는 우리의 삶 속에 역사하시는 하나님의 방법입니다. 기도의 최대의 목적은 하나님의 나라에서 하나님과의 자유로운 교제를 회복하고 그 길을 여는 데 있으며, 의무와 봉사의 한가운데에서도 하나님과의 생명의 교제가 이루어지는 데 있습니다.

둘째, 자기 성장을 위해 기도해야 합니다.

메마른 영혼이 그리스도에 의해 충만하게 될 때 인간은 참된 자기 자신으로 돌아가기 때문에 기도에 늘 임해야 합니다. 참 신앙인은 기도를 통해 참된 마음과 그리스도의 사랑을 깨닫게 되며 삶에 힘을 얻게 됩니다. 기도의 힘은 인간으로 하여금 새로운 생명을 부여하시는 살아 계신 하나님을 발견하게 합니다. 기도는 하나님과의 교제에 의해서 자기 자신의 거짓 없는 모습을 알게 하고, 참된 마음의 평화를 얻게 해 줍니다. 그러므로 사람은 기도를 드림으로 하나님 앞에 바로 설 수 있고, 바른 삶을 살 수 있기 때문에 기도의 삶은 매우 필요한 것입니다.

셋째, 하나님 나라를 확장하기 위해 기도해야 합니다.

기도생활의 중요성을 인식할 때 기도의 삶을 살며, 능력 있는 그리스도인의 모습으로 살아가게 됩니다. 초대교회의 사도들이 끊임없이 기도하고 말씀에 전념했다고 하는 것은 주지할 사실입니다. 목회자는 은밀한 곳에서 성도들을 위해 그 말씀의 씨앗을 원수에게 빼앗기지 않도록 하기 위해 기도하며, 성도들의 믿음 생활을 위해 기도해야 합니다.

또한 평신도들은 자신뿐만 아니라, 그리스도 안에 있는 모든 형제자매들을 위해 기도해야 합니다. 우리 성도들을 믿음과 사랑의 팔로 서로 끌어안고 하나님께 나아가기 위해 늘 기도해야 하며, 하나님의 나라를 위하여 간구해야 합니다.

엡 6:8 "이는 각 사람이 무슨 선을 행하든지 종이나 자유인이나 주께로부터 그대로 받을 줄을 앎이라"고 기록하고 있습니다.

넷째, 삶의 반성과 개선을 위해 기도해야 합니다.

그리스도인들의 믿음이 성장하지 않는 이유는 기도의 태만에서 오는 것입니다. "너희가 얻지 못함은 구하지 아니함"이라고 했습니다. 기도는 우리가 "긍휼하심을 받고 때를 따라 돕는 은혜"를 받도록 하기 위한 하나님께서 정하신 방법입니다. 삶의 모든 염려와 근심과 궁핍 가운데서 감사함으로 하는 기도는 오히려 우리로 하여금 모든 근심으로부터 자유함과 모든 지각에 뛰어난 하나님의 평강을 얻도록 하나님께서 정하신 방법입니다. 주님께서 이 땅에 살아 계실 때 가장 중요한 삶의 내용은 말씀을 가르치시는 것과 더불어 기도였습니다. 성령님께서 말할수 없는 탄식으로 우리를 위하여 친히 간구하신다고 했습니다. 우리들도 기도를 통하여 자기를 돌아보며, 영적 성장을 이루어나가야 할 것입니다.

다섯째, 영적 승리를 위해 기도해야 합니다.

예수님은 제자들에게 "시험에 들지 않도록 기도하라" 또는 "깨어 기도하라"고 당부하셨습니다. 우리가 시험에 들지 않게 깨어 늘 기도해야 하는 것은 하나님과의 사귐을 통하여 마귀의 간교한 장난에 빠지지 않기 위해서입니다. "너희의 도망하는 일이 겨울에나 안식일에 되지 않도록 기도하라"는 말씀처럼, 그리고 슬기로운 다섯 처녀와 같이 늘 깨어서 기도하며 준비해야 합니다. 그리고 늘 깨어서 기도함으로 시험에 들지 않고 사탄과의 영적 전쟁에서 승리하기 위하여 기도해야 할 것입니다.

벧전 5:8 "근신하라 깨어라 너희 대적 마귀가 우는 사자같이 두루 다니며 삼킬 자를 찾나니"

/ 말씀을 생각하며 /

오늘 묵상한 말씀 요약

오늘 배운 말씀의 교훈

이번 주 나의 기도

나
가정
이웃
교회
기타

/ 제 11 주
기도하는 태도

본문 : 마 6:6-8
찬송 : 570, 539장

"너는 기도할 때에 네 골방에 들어가 문을 닫고 은밀한 중에 계신 네 아버지께 기도하라 은밀한 중에 보시는 네 아버지께서 갚으시리라"(마(6:6)

우리는 가끔 하나님은 나의 모든 것을 다 아시는 분이신데 기도를 꼭 해야 하느냐고 반문할 때가 있습니다. 그래서 어떤 이는 새벽기도나 철야기도가 필요 없다고도 말을 합니다. 그러나 정작 예수님은 새벽이 되도록 새벽이슬을 맞으시면서 기도하셨습니다.

하나님은 에스겔을 통하여 유다민족이 회복되며, 적국들이 멸망하며, 이스라엘이 본국으로 돌아오게 될 것을 약속하시면서, "주 여호와께서 이같이 말씀하셨느니라 그래도 이스라엘 족속이 이같이 자기들에게 이루어 주기를 내게 구하여야 할지라 내가 그들의 수효를 양 떼같이 많아지게"(겔 36:37)하라고 기도할 것을 명하셨습니다. 오늘 우리는 어떤 태도로 기도해야 할 것인지 생각해 보아야 합니다.

첫째, 하나님은 영이시므로 진솔해야 합니다.

요 4:24 "하나님은 영이시니 예배하는 자가 영과 진리로 예배할지니라"고 하셨습니다.

영이신 하나님께는 멋진 표현이나 말을 유창하게 한다고 잘하는 것은 아닙니다. 예수님 당시의 종교 지도자들은 배운 것이 많아 청산유수같이 기도를 잘했으나, 예수님은 그들의 기도를 꾸짖으시며, 기도는 은밀히 해야 한다고 가르치셨습니다. 성령님의 인도하심을 받아 진실한 마음으로 기도하여야 합니다.

마 6:6 "너는 기도할 때에 네 골방에 들어가 문을 닫고 은밀한 중에 계신 네 아버지께 기도하라 은밀한 중에 보시는 네 아버지께서 갚으시리라"

하나님은 형식적인 기도나 소리에 관심이 없으십니다. 오직 그 영혼의 깊은 곳에서 진솔하게 하나님을 찾고 그 요청하는 바가 참으로 신앙으로 구하는 중심인가를 보고자 하십니다. 마치 골방에서 문을 닫고 거기 앉은 것처럼 아주 고요한 중에 참된 자아를 마음으로 들여다볼 수 있는 그런 진지함과 진솔함이 필요합니다. 기도는 남을 의식하지 아니하고 오직 하나님만 바라보며 하는 것입니다.

둘째, 갈급함으로 간절히 기도해야 합니다.

하나님께 기도하는 것은, 걸인이 구걸하는 것과 같이, 하인이 주인에게 어려운 부탁을 하듯이, 신하가 임금님께 머리가 땅에 닿도록 굽혀 통촉해 주시기를 간청하는 것과 같습니다. 다리를 꼬고 앉아서 기도하거나, 등을 의자에 기대고 앉아서 기도하는 것은 잘못된 태도입니다.
야곱은 얍복 강가에서 죄를 회개하며 하나님의 천사의 다리를 붙들고 용서하시고 축복해 달라고 환도뼈가 부러지기까지 밤새워 기도하였습니다.

창 32:26 "그가 이르되 날이 새려 하니 나로 가게 하라 야곱이 이르되 당신이 내게 축복하지 아니하면 가게 하지 아니하겠나이다"

잠 8:17 "나를 사랑하는 자들이 나의 사랑을 입으며 나를 간절히 찾는 자가 나를 만날 것이니라"

시 42:1-2 "하나님이여 사슴이 시냇물을 찾기에 갈급함 같이 내 영혼이 주를 찾기에 갈급하니이다 내 영혼이 하나님 곧 살아 계시는 하나님을 갈망하나니 내가 어느 때에 나아가서 하나님의 얼굴을 뵈올까"

하나님을 찾는다는 것은 상당한 정신적 경건과 고통과 충성된 자세가 있어야 합니다. 천지를 지으신 하나님께, 우리를 구원하신 사랑과 은총의 하나님께, 모든 일에 복 주시는 하나님께 간절한 마음으로 기도해야 합니다.

셋째, 기도를 마땅히 할 일로 알고 열심히 해야 합니다.

기도는 시간이 나면 하고, 기분 좋으면 하고, 기도가 잘 되어서 하는 것이 아닙니다. 노동자가 매일 일을 해야 살 듯이 기도는 성도의 영적인 일입니다. 예수님도 우리를 구원하시기 위하여 겟세마네 동산에서 땀이 땅에 떨어지는데 핏방울같이 되도록 기도하셨습니다.

살전 5:17 "쉬지 말고 기도하라"

우리는 나태해서는 은혜를 받을 수 없습니다. 하나님은 육신을 가진 인간의 의식을 넘어서서 영적으로 진실한 마음으로 나아가야만 만나 뵐 수 있는 분이십니다. 우리가 기도를 일처럼 여기고 땀 흘리며 간절하게 하나님을 찾으면 반드시 만나 주실 것입니다.

/ 말씀을 생각하며 /

오늘 묵상한 말씀 요약

오늘 배운 말씀의 교훈

이번 주 나의 기도

나
가정
이웃
교회
기타

기도의 능력

본문 : 시 34:1-10
찬송 : 405, 406장

"이 곤고한 자가 부르짖으매 여호와께서 들으시고 그의 모든 환난에
서 구원하셨도다"(시 34:6)

하나님의 놀라운 능력은 우리가 하나님께 기도했을 때 주어지는 것
입니다. 기도는 전쟁에서 유능한 지휘관보다 낫습니다. 기도는 세상
의 권세나, 재벌가가 할 수 없는 크고 놀라운 일을 이루어 놓습니다.
그러므로 성도의 모든 삶은 기도로 시작하여 기도로 마무리해야 합니
다. 하나님은 우리가 하나님께 간절히 기도하기를 원하십니다. 기도
는 필요할 때나 일시적으로 하는 것이 아니라, 마치 우리가 숨을 쉬듯
이 항상 하는 것이 기도입니다.

첫째, 기도는 모든 어려움을 극복하게 합니다.

시편 34:6 "이 곤고한 자가 부르짖으매 여호와께서 들으시고 그의
모든 환난에서 구원하셨도다" 라고 말씀하고 있습니다.

기도는 하나님의 도우심을 바라는 것입니다. 부르짖어 기도하면 하
나님은 우리의 구원이 되시는 것입니다. 우리는 곤고할 때가 있습니
다. 때에 따라서 험산 준령이 우리 앞을 가로 막고, 큰 파도가 우리를
덮치려고 입 벌리고 달려들 때가 있습니다. 질병이 옵니다. 시험이 옵

니다. 환난이 옵니다. 생각하지도 않았던 시험이 옵니다. 우리가 어찌할 바를 모를 때 기도해야 합니다. 길이 다 막혔을 때에, 깜깜할 때에, 길을 잃어버렸을 때에 기도함으로서 하나님의 도움을 받는 것입니다.

우리는 기도함으로 문제를 해결하며, 기도함으로 약속을 기업으로 받으며, 기도함으로 강건해집니다. 우리는 기도함으로 새 힘을 얻으며, 기도함으로 날로 더욱 귀한 것을 체험하게 됩니다.

둘째, 기도는 우리의 심령을 강건하게 만듭니다.

기도하는 사람은 불평하지 않습니다. 기도하는 사람에게는 부족함이 없습니다. 날마다 송축하며, 항상 기뻐합니다. 기도하는 마음은 아름답고 거룩합니다. 기도하는 마음은 견고하며, 여유가 있고 언제나 평안이 있습니다. 기도할 때 성령이 역사하시기 때문입니다.

현대인들의 마음은 너무 연약합니다. 조그만 자극에도 부르르 떱니다. 조금만 어려움이 있어도 죽는 소리를 합니다. 담대함과 소망과 꿈이 없기 때문입니다. 그리스도 안에서 기도하는 자는 아무도 대적할 수 없습니다. 기도할 때 하나님이 함께하시고 걱정과 근심을 없이하여 주시고 강하게 하십니다.

롬 8:35 "누가 우리를 그리스도의 사랑에서 끊으리요 환난이나 곤고나 박해나 기근이나 적신이나 위험이나 칼이랴"

셋째, 기도는 마귀의 궤계를 물리칩니다.

시 121:4, 7 "이스라엘을 지키시는 이는 졸지도 아니하시고 주무시지도 아니하시리로다. 여호와께서 너를 지켜 모든 환난을 면하게 하시며 또 네 영혼을 지키시리로다"

사탄은 기도하는 사람을 제일 무서워합니다. 그래서 마귀는 기도하는 것을 방해합니다. 기도하는 시간을 빼앗고, 기도의 문을 막으며 잠자게 만듭니다.

빌리 선데이는 "어떤 마귀라도 기도하는 부모의 품에서 자녀를 빼앗아갈 수가 없다"고 말했습니다. 기도하는 가장(家長)에게서 가정을 빼앗을 마귀가 없고, 기도하는 일꾼에게서 기업을 빼앗을 수 없는 것입니다. 기도하는 사람만이 마귀를 이길 수 있습니다. 우리는 가정과 교회에서, 직장에서 깨어 기도하는 파수꾼이 되어야 합니다.

넷째, 기도는 복 받는 통로입니다.

시편 34:8-9 "너희는 여호와의 선하심을 맛보아 알지어다 그에게 피하는 자는 복이 있도다 너희 성도들아 여호와를 경외하라 그를 경외하는 자에게는 부족함이 없도다"

기도는 하나님의 선하심을 맛보는 길입니다. 우리가 기도하지 않고는 기적을 볼 수가 없습니다. 우리가 기도하지 않고는 하나님의 응답을 맛볼 수가 없습니다. 우리가 기도하지 않고는 살아계신 하나님을 알 수가 없습니다.

우리가 하나님 앞에 시간을 드리면 시간을 주십니다. 물질을 드리면 물질을 일곱 배나 주십니다. 건강을 드리면 건강을 곱절이나 주십니다. 기도는 하나님의 복을 받는 통로가 됩니다.

/ 말씀을 생각하며 /

오늘 묵상한 말씀 요약

오늘 배운 말씀의 교훈

이번 주 나의 기도

나
가정
이웃
교회
기타

/ 제 13 주
한나의 기도

본문 : 삼상 1:1-18
찬송 : 526, 361장

"서원하여 이르되 만군의 여호와여 만일 주의 여종의 고통을 돌보시고 나를 기억하사 주의 여종을 잊지 아니하시고 주의 여종에게 아들을 주시면 내가 그의 평생에 그를 여호와께 드리고 삭도를 그의 머리에 대지 아니하겠나이다"(삼상 1:11)

한나는 훌륭한 가문의 돈 많고 신앙이 좋고 하나님을 경외하는 좋은 남편을 가진 사람이었습니다. 그리고 남편의 지극한 사랑을 받는 아주 행복한 여인입니다. 그런데 이런 한나에게도 문제가 있었습니다.

5-6절에 "한나에게는 갑절을 주니 이는 저를 사랑함이라 그러나 여호와께서 그에게 임신하지 못하게 하시니 여호와께서 저로 임신하지 못하게 하시므로 그의 적수인 브닌나가 그를 심히 격분하게 하여 괴롭게 하더라"고 했습니다. 임신하지 못함으로 인하여 기도하는 한나의 기도를 생각해 봅시다.

첫째, 기도는 우리의 마음을 지켜줍니다.

성도는 세상 사람들과는 사는 방법이 달라야 합니다. 성도는 문제를 원망으로 풀지 않고 하나님께 나아와 기도해야 합니다. 이것이 성도의 사는 방법인 것입니다. 우리는 기도할 때만 우리의 마음을 지킬 수 있습니다. 기도만이 우리의 분노를 잠재울 수 있습니다. 기도만이 우리 마음의 미움을 잠재웁니다. 기도만이 우리의 인격을 지킬 수 있습니다.

한나는 아무리 힘들고 괴로워도 원망하지 않고 기도했습니다. 기도함으로 원망하지 않았습니다. 기도하면 한숨과 탄식이 나가고 찬송으로 채워집니다. 기도하면 오염된 물은 빠져나가고 새 물이 채워집니다. 기도하면 원망은 나가고 감사가 채워집니다. 기도하면 사랑이 샘솟는 것입니다. 기도할 때 성령의 능력으로 인격을 지킬 수 있게 되고, 마음을 지킬 수 있게 되는 것입니다.

둘째, 기도는 하나님이 주시는 힘을 얻게 합니다.

한나는 너무나 괴로워서 여호와께 기도하고, 통곡하면서, 응답하실 때까지 힘을 다하여 기도했습니다.

세상 사람들은 문제가 생기면 근심과 걱정으로 인하여 힘이 들고 지칩니다. 그러나 성도들은 기도에 힘을 다해야 합니다.

시 84:1 "만군의 여호와여 주의 장막이 어찌 그리 사랑스러운지요"

다윗은 하나님의 궁전을 사모하면서 쇠약해졌습니다. 하나님께 기도하면서 힘을 다 쏟은 것입니다. 자신의 문제에 대하여 자신과 싸우며, 자신을 미워하면서 괴로운 마음과 근심 걱정으로 나날을 보내지 말고, 사랑하며 감사하며 기도로 나아갈 때 하나님의 새 힘을 얻게 됩니다.

셋째, 기도는 하나님의 평안을 얻게 합니다.

기도하기 전에는 번민했고, 마음이 안정이 되지 않아서 먹지도 못하고 마음이 괴로웠습니다. 고민하며 울면서 기도하는 한나의 기도를 엘리가 듣고 한나에게 "하나님께서 너의 기도를 들으시기를 원하신다"고 알려 주었습니다. 그때 한나는 문제를 해결 받게 되었습니다.

기도한 후에는 다시금 음식을 먹을 수 있게 되었고, 그녀의 얼굴에는 근심의 빛이 사라졌습니다. 기도는 모든 것을 씻어주는 효과가 있습니다. 그리고 모든 것을 변화시키는 놀라운 힘이 있습니다.

요 14:27 "평안을 너희에게 끼치노니 곧 나의 평안을 너희에게 주노라 내가 너희에게 주는 것은 세상이 주는 것과 같지 아니하니라 너희는 마음에 근심하지도 말고 두려워하지도 말라"

하나님은 얼마만큼 응답하실까요? 하나님은 우리가 기도하는 만큼 응답하십니다. 우리가 얼마나 변할까요? 우리가 기도하는 만큼 변하는 것입니다. 한나와 같이 기도하십시오. 마음의 소원을 가지십시오. 의심을 버리십시오. 하나님께서 채워 주실 것입니다.

/ 말씀을 생각하며 /

오늘 묵상한 말씀 요약

오늘 배운 말씀의 교훈

이번 주 나의 기도

나
가정
이웃
교회
기타

/ 제 14 주
아굴의 기도

본문 : 잠 30:7-9
찬송 : 214, 290장

"내가 두 가지 일을 주께 구하였사오니 내가 죽기 전에 내게 거절하지 마시옵소서 곧 헛된 것과 거짓말을 내게서 멀리 하옵시며 나를 가난하게도 마옵시고 부하게도 마옵시고 오직 필요한 양식으로 나를 먹이시옵소서"(잠 30:7,8)

기도는 하나님의 자녀들이 하나님께 간구할 수 있는 특권입니다. 기도는 우리가 할 수 없는 크고 놀라운 일을 절대자이신 하나님께서 이루어주시는 것입니다. 하나님의 자녀인 우리에게 기도라는 것은 험난한 세상, 오늘과 내일을 장담할 수 없는 막연한 시대에 희망이며 용기를 주는 최대의 무기입니다.

본문에서 아굴의 기도는 대단하거나 위대한 것이 아니라 평범한 것이었습니다. 그러나 그의 기도를 깊이 묵상해보면 거기에는 하나님께서 참으로 기뻐하시는 놀라운 기도라는 사실을 발견할 수 있습니다.

첫째, 허탄한 것을 멀리하게 하옵소서

허탄이라는 것은 허황된 꿈이나 거짓된 진리를 말합니다. 마치 사람에 의해 만들어진 신화를 사실로 믿는 것과 같습니다. 아굴은 자신의 인생이 결코 허탄한 진리 때문에 허비하지 않기를 하나님께 기도하고 있습니다.

많은 사람들이 허탄한 진리에 마음을 빼앗기고 있습니다. 요즈음 점치는 점집이 우후죽순처럼 생겨나고, 신문과 TV에서조차 점치는 것을 광고하고 있습니다. 귀신의 목적은 사람을 불행하게 하는데 있습니다. 에덴동산에서의 행복한 삶을 망쳐버린 장본인인 인간은 어리석게도 귀신에게 자신의 인생을 물어보고, 귀신에게 인생의 향방을 묻고 있습니다. 그러나 하나님은 우리에게 복을 주시려고 자신의 독생자 예수 그리스도를 이 땅에 보내주셨습니다. 예수 그리스도로 말미암아 누구든지 그분을 믿으면 구원을 얻으며, 진정한 행복을 누릴 수 있습니다. 하나님의 자녀인 성도는 허황된 꿈을 좇는 자가 아니라 참된 진리이신 예수 그리스도를 바라보는 것입니다.

둘째, 야곱은 깨끗한 마음을 구했습니다.

거짓은 자신을 병들게 합니다. 모든 사람들이 자신의 거짓을 몰라도 하나님과 자신만은 거짓의 실체를 알고 있습니다. 하나님과 나 자신이 알고 있다는 것은 자유로울 수 없는 것입니다. 이웃을 속인다는 것은 곧 하나님을 대항하는 것과 같습니다. 특별히 믿음을 가진 우리는 하나님과 양심을 속여서는 안 됩니다.

우리는 기도할 때마다 회개가 필요합니다. 거짓과 불의가 항상 우리에게서 떠나지 않기 때문입니다. 일주일을 살아오면서 이웃에게 거짓된 삶을 살진 않았습니까? 하나님 앞에 진실되지 못한 삶을 살지는 않았습니까?

사람의 마음은 육체의 본질입니다. 마음에서 모든 것이 시작되기 때문입니다. 신앙도, 진정한 사랑도 마음에서 시작됩니다. 마음이 병들면 허황된 진리를 좇게 되고, 자신과 이웃, 그리고 하나님을 속이는 거짓된 삶을 살게 됩니다.

"하나님이여 내 속에 정한 마음을 창조하시고 내 안에 정직한 영을 새롭게 하소서"라고 기도했던 다윗과 "허탄과 거짓말을 내게서 멀리

하옵시며"라고 기도했던 아굴처럼 하나님 앞에 정직하게 살아가려고 노력하기를 원합니다.

셋째, 가난하게도 부하게도 말게 해달라고 기도했습니다.

가난과 부는 극과 극이지만 그 어느 것도 죄와 선의 조건이 될 수 없습니다. 가난하다고 해서 모두가 선한 사람이거나 부자라고 해서 다 악한 사람이 아닙니다. 가난한 사람에게도 악한 사람이 있고, 부자 중에도 선한 사람이 있습니다.

아굴은 가난과 부로 말미암아 하나님을 욕되게 하는 삶을 살지 않게 해달라고 했습니다. 가난의 해방이나 부의 욕심을 버리는 궁극적인 목적은 자신의 행복에 있는 것이 아니라 하나님을 기쁘시게 하는 데 있습니다. 그것이 우리 인생의 목적이며 하나님께서 원하시는 삶입니다. 그러나 가난과 부도 생각만 바뀌면 하나님을 기쁘시게 할 수도 있습니다.

대상 29:12 "부와 귀가 주께로 말미암고 또 주는 만물의 주재가 되사 손에 권세와 능력이 있사오니 모든 사람을 크게 하심과 강하게 하심이 주의 손에 있나이다"

재물에 대한 바른 신앙고백이 없으면 부자가 된다는 것은 우리에게 기쁨과 행복을 안겨주는 것이 아니라 그것은 독이 되어 우리의 영혼을 망치게 합니다. 진정 행복한 부자는 모든 재물의 주인이 하나님이라는 사실을 인정하는 것입니다.

/ 말씀을 생각하며 /

오늘 묵상한 말씀 요약

```



```

오늘 배운 말씀의 교훈

```



```

이번 주 나의 기도

나
가정
이웃
교회
기타

찬송

이러므로 여호와여
내가 모든 민족 중에서 주께 감사하며
주의 이름을 찬양하리이다
(삼하 22:50)

/ 제 15 주
찬송할 이유 - 1

본문 : 시 103:1-6
찬송 : 65, 21장

"내 영혼아 여호와를 송축하라 내 속에 있는 것들아 다 그의 거룩한 이름을 송축하라 내 영혼아 여호와를 송축하며 그의 모든 은택을 잊지 말지어다"(시 103:1,2)

찬송은 개인과 교회 공동체의 영혼의 노래입니다. 찬송은 감사와 기쁨의 표현이며, 성도들의 중요한 표징입니다. 찬송은 영혼의 깊고도 맑은 울림일 뿐 아니라, 오늘의 삶속에서 체험하는 하나님의 은혜에 대한 감격과 감사입니다. 참된 찬송은 자신의 환경과 삶속에서 자신의 영혼으로 부르는 노래입니다.

우리가 하나님을 찬양할 이유가 무엇입니까?

첫째, 주님이 평안을 주시기 때문입니다.

출 15:11 "여호와여 신 중에 주와 같은 자가 누구니이까 주와 같이 거룩함으로 영광스러우며 찬송할 만한 위엄이 있으며 기이한 일을 행하는 자가 누구니이까"

찰스 웨슬리가 어느 날 서재의 방문을 활짝 열어놓고 쉬고 있는데, 어디선가 작은 새 한 마리가 매에 쫓겨 살길을 찾아 그의 방으로 들어왔습니다. 새는 공포에 싸여 방안을 몇 바퀴 돌더니 푸드득 거리다가 그의 옷소매로 들어왔습니다. 그는 움직이지 않고 가만히 앉아서 새가 하는대로 맡겨두었습니다. 할딱거리던 새는 잠시 후 평안해진 듯 보였습니다. 그는 어린 새를 쓰다듬어 창밖으로 놓아 보내고 일어나 불현듯 그 마음에 떠오르는 노래를 읊게 되었는데, 그 노래가 곧 '비바람이 칠 때와 물결 높이 일 때에'라는 찬송입니다. 이 찬송은 황야 같은 세상을 사는 인생들이 참 생명의 주를 신뢰하도록 하는 데 큰 감명을 주고 있습니다.

인생에 풍랑을 만날 때는 곧 우리가 절대자이신 주님께 나아갈 때입니다. 질병, 고통, 전쟁, 가정 풍파, 개인 풍파, 교회와 사회와 국가적 풍파가 일 때에 주님께 나아가 평안을 얻어야 할 것입니다.

둘째, 성실과 진실로 섭리하시기 때문입니다.

독일의 음악가 멘델스존이 길을 걷다가 대성당에서 들려오는 아름다운 오르간 연주를 들었습니다. 그는 오르간을 연주하는 노인에게 다가가서 자기도 한 곡을 연주할 수 있도록 부탁했습니다. 노인은 시큰둥한 표정으로 대답했습니다. "당신이 누구인 줄도 모르는데 이 소중한 오르간을 연주하게 한단 말이오." 음악가는 한번만 연주를 하게 해 달라고 거듭 당부했습니다. 그러자 노인은 마지못해 자리를 내주었습니다. 음악가는 오르간 앞에 앉더니 장엄한 연주를 시작했습니다. 갑자기 대성당은 환희와 감동으로 가득 찼습니다. 그것은 마치 천사의 노래와 같았습니다.

마음속에서 성령이 연주를 시작하면 우리의 마음은 환희와 기쁨으로 가득찹니다. 단지 사람들이 마음의 오르간을 대연주자에게 맡기기를 거부하기 때문에 진정한 기쁨을 누리지 못합니다.

사 25:1 "여호와여 주는 나의 하나님이시라 내가 주를 높이고 주의 이름을 찬송하오리니 주는 기사를 옛적에 정하신 뜻대로 성실함과 진실함으로 행하셨음이라"

셋째, 우리에게 가장 큰 보배를 주셨기 때문입니다.

우리가 즐겨 부르는 찬송 102장은 G.B.Shea라는 분이 작곡한 것입니다. 그는 어렸을 때 교회학교에 열심히 나갔습니다. 그런데 세상에서 출세하고 돈을 벌면서 마음속에서 예수님이 멀어지기 시작했습니다. 그는 시카고 방송국의 연출가요, 인기 절정의 가수로서 돈은 많이 벌었지만 마음은 언제나 공허하고 불안이 떠나지 않았습니다.

그런데 어느 날 성경을 읽다가 갑자기 어릴 때 믿었던 예수님에 관한 추억과 향수가 되살아나기 시작했습니다. '나는 지금 인생을 낭비하고 있구나' 하는 생각이 그를 사로잡았습니다. 그러던 중 어느 성회에 참석하게 되고, 거기서 예수님께 대한 헌신을 다짐하게 되었습니다.

그리고 집으로 돌아왔을 때 방송국에서 전화가 걸려 왔습니다. 다시 전속계약을 하면 지금보다 몇 갑절의 출연료를 주겠다는 내용의 전화였습니다. 그는 "나는 이제부터 내 모든 재능을 하나님의 영광만을 위해 쓰기로 작정했습니다." 라고 하며 방송국의 계약 청약을 거절했습니다. 그때부터 그의 마음속에서 아름다운 곡조가 흘러나오기 시작했습니다. 어머니의 친구인 밀러 여사가 준 시에 작곡을 했습니다.

"주 예수보다 더 귀한 것은 없네 이 세상 부귀와 바꿀 수 없네
영 죽을 내 대신 돌아가신 그 놀라운 사랑 잊지 못해
세상 즐거움 다 버리고 세상 자랑 다 버렸네
주 예수보다 더 귀한 것은 없네 예수 밖에는 없네."

내 모든 것을 다 버리고서라도 소유해야만 하는 보물이 있습니다. 그 보물이 예수님이십니다.

/ 말씀을 생각하며 /

오늘 묵상한 말씀 요약

```
┌────────────────────────────────────────────┐
│                                            │
│                                            │
│                                            │
│                                            │
│                                            │
│                                            │
│                                            │
└────────────────────────────────────────────┘
```

오늘 배운 말씀의 교훈

```
┌────────────────────────────────────────────┐
│                                            │
│                                            │
│                                            │
│                                            │
│                                            │
│                                            │
└────────────────────────────────────────────┘
```

이번 주 나의 기도

나
가정
이웃
교회
기타

/ 제 16 주
찬송할 이유 - 2

본문 : 벧전 1:3-6
찬송 : 285, 493장

"우리 주 예수 그리스도의 아버지 하나님을 찬송하리로다 그의 많으
신 긍휼대로 예수 그리스도를 죽은 자 가운데서 부활하게 하심으로 말
미암아 우리를 거듭나게 하사 산 소망이 있게 하시며"(벧전 1:3)

하나님의 성전을 아름답게 꾸미는 것도 좋은 일이지만, 하나님의 영
광으로 가득 차게 하는 일은 더 좋은 일입니다. 하나님의 영광이 가득
차고 넘치게 하기 위해서는 찬송으로 먼저 채워야 합니다. 찬송으로
채워지지 않는 성전은 하나님의 영광으로 채워지지 않습니다. 하나님
의 영광은 마음을 다하여 하나님을 찬송할 때 임하게 됩니다. 하나님
께 영광을 돌리고자 하는 마음이 없는 사람에게는 하나님의 영광이 임
하지를 않습니다. 왜 하나님을 찬양할까요?

첫째, 주님이 우리를 도와주시기 때문입니다.

인도에서 초기 선교사로 활동하던 스코트 목사가 새로운 선교 지
역을 찾아 나섰다가 호전적인 원주민들을 만났습니다. 그들은 스코
트 목사를 붙잡아 그의 심장에 긴 창을 겨누었습니다. 그때 그는 가지
고 다니던 바이올린을 꺼내 연주하며 원주민 언어로 찬양을 하기 시
작하였습니다.

"주 예수 이름 높이어 다 찬양하여라

금 면류관을 드려서 만유의 주 찬양"

스코트 목사는 죽음을 기다리면서 이 찬양을 불렀습니다. 그러나 3절을 부를 때까지 아무 일도 일어나지 않았습니다. 그가 눈을 떠서 그들을 보니 그들의 눈에는 눈물이 가득 고여 있었습니다. 그리고 모든 이름 위에 뛰어난 그 이름을 가르쳐 달라고 사정하는 것이었습니다. 그 이후 스코트 선교사는 여러 해 동안 그들과 살면서 많은 원주민들을 그리스도께로 인도했다고 합니다.

하나님께서는 모든 환경에서 역사하고 계십니다. 우리는 승리할 것이며 모든 무릎이 그분 앞에 꿇을 것이며 모든 입은 예수 그리스도를 주라고 선포할 것입니다.

시 54:4 "하나님은 나를 돕는 이시며 주께서는 내 생명을 붙들어 주시는 이시니이다"

둘째, 주의 인자하심이 생명을 살리시기 때문입니다.

시 63:3 "주의 인자하심이 생명보다 나으므로 내 입술이 주를 찬양할 것이라"

하나님의 인자하심이란 구원하시는 하나님의 사랑을 말합니다. 하나님의 진실하심이란 변함없는 하나님의 사랑을 말합니다. 우리의 삶의 환경이 어떻게 변하든지 하나님께 찬송하여야 할 이유는 구원하신 하나님의 사랑이 변함이 없고 언제나 더 유익한 것으로 주시고자 하시는 하나님의 인자하심이 너무도 크고 넓기 때문입니다.

물은 흘러가야 썩지 않습니다. 고여 있으면 썩습니다. 썩은 물은 소용이 없습니다. 하나님이 우리에게 주신 은혜는 우리를 통해 쉬지 않고 다른 사람에게로 흘러가야 합니다. 그래야 생명을 살리는 일들이 일어나게 됩니다. 찬송은 하나님의 은혜를 흐르게 하는 수단입니다. 찬송을 통하여 전달되는 하나님의 은혜는 만물을 제자리로 돌아오게 만듭니다. 피조물들을 본래의 자리로 돌아오게 하는 것이 은혜의 특성입니다. 피조물들의 본래의 자리는 하나님이 계시는 곳입니다.

셋째, 주님은 우리의 반석이요, 산성이요, 소망이시기 때문입니다.

시 71:3 "주는 내가 항상 피하여 숨을 바위가 되소서 주께서 나를 구원하라 명령하셨으니 이는 주께서 나의 반석이시요 나의 요새이심이니이다"

늘 찬양하면서 하나님을 높이는 생활 속에는 하늘에서 임하는 기쁨이 있을 뿐 아니라 하나님께 올리는 기도의 응답을 받게 됩니다. 찬양은 향내 나는 제물입니다. 히브리서 기자는 "항상 찬미의 제사를 하나님께 드리자"고 하면서 "찬양은 입술의 열매"라고 하였습니다. 찬양의 제사를 올리는 자에게 하나님은 기도의 응답을 속히 이루어 주십니다. 그러므로 여러분의 소망이 이루어지기를 원하면 열심히 찬양해야 합니다. 찬양과 감사로 기도하는 자에게는 하나님이 함께하시고, 소망이 되어 주십니다.

벧전 1:3 "우리 주 예수 그리스도의 아버지 하나님을 찬송하리로다 그의 많으신 긍휼대로 예수 그리스도를 죽은 자 가운데서 부활하게 하심으로 말미암아 우리를 거듭나게 하사 산 소망이 있게 하시며"

은혜 받은 이들이 모여 찬송할 이유는 하나님의 인자하심과 진실하심 때문입니다. 하나님의 인자하심은 하늘보다 높고 넓으며 하나님의 진실하심은 하늘에 가득 차고 넘치기 때문입니다. 우리가 소망을 가질 수 있음은 하나님의 인자하심과 진실하심 때문입니다.

/ 말씀을 생각하며 /

오늘 묵상한 말씀 요약

오늘 배운 말씀의 교훈

이번 주 나의 기도

나	
가정	
이웃	
교회	
기타	

찬송의 능력 - 1

본문 : 출 15:2
찬송 : 408, 411장

"여호와는 나의 힘이요 노래시며 나의 구원이시로다 그는 나의 하나님이시니 내가 그를 찬송할 것이요 내 아버지의 하나님이시니 내가 그를 높이리로다"(출 15:2)

　　동·식물도 찬송가를 들을 줄 압니다. 두 호박 넝쿨 옆에 라디오로 각각 다른 음악을 들려주었습니다. 한 곳에는 찬송가를, 다른 곳에는 록뮤직을 계속 들려주며 길렀습니다. 찬송가를 듣는 호박 넝쿨은 라디오쪽으로 자라면서 라디오를 칭칭 감았습니다. 그런데 록(rock)을 듣고 자란 넝쿨은 라디오 반대 방향으로 도망치듯이 자랐습니다.

　　일본의 한 대안의학자는 물에도 음악을 듣는 마음이 있다고 하였습니다. 물을 떠놓고 베토벤의 전원 교향곡을 들려주었더니 물의 결정체들이 잘 정돈되었고, 반대로 분노에 찬 거친 음악을 들려주었더니 결정체들이 흐트러졌다고 합니다.

첫째, 찬송은 마음을 즐겁게 해줍니다.

　　찬송은 불행과 저주와 어둠을 이기는 능력이 있습니다. 잠든 영혼을 깨우고 어두운 세력을 이기는 힘이 있습니다. 사도들이 옥에 갇혀서 기도하며 찬송을 불렀을 때, 수갑이 풀어지고 감옥 문이 열리는 놀라운 사건이 일어나기도 했습니다.

　　찬송은 부정적인 생각, 어두운 생각, 파괴하고 미워하는 생각을 떨쳐버리고 불안과 걱정을 이기는 능력입니다. 고독하고 답답한 상황, 절망적이고 두려운 상황이고 시들어 말라서 죽을 수밖에 없는 상황 속에서 기쁨을 줍니다. 다 뺏기고 더 이상 빼앗길 것이 없는 상황에서 배짱이 생기고 기대와 욕망을 버린 상태에서 희망을 갖게 합니다.

시 105:2-3 "그에게 노래하며 그를 찬양하며 그의 모든 기이한 일들을 말할지어다 그의 거룩한 이름을 자랑하라 여호와를 구하는 자들은 마음이 즐거울지로다"

둘째, 찬송은 마음을 평안하게 해 줍니다.

시 56:4 "내가 하나님을 의지하고 그 말씀을 찬송하올지라 내가 하나님을 의지하였은즉 두려워하지 아니하리니 혈육을 가진 사람이 내게 어찌하리이까"

이 세상에는 두 가지 종류의 음악이 있습니다. 하나는 감각적이면서 우리의 귀를 즐겁게 해주는 음악이고, 다른 하나는 우리 영혼의 깊은 곳까지 즐겁게 해주며 기쁨을 가져다주는 음악입니다. 감각적인 음악으로 인한 즐거움은 잠시 잠깐이고 불안을 가져다줍니다. 그러나 예수님을 영접하고 난 후에 드리는 찬송은 우리의 영혼에 평안을 가져다줍니다.

세상의 근심과 괴로움으로 방황하거나 마음의 평안이 없을 때 찬송을 하십시오. 하나님께서 주시는 평안을 얻을 수 있습니다. 영혼이 맑아지고 힘이 납니다.

코넬이라는 분은 이렇게 노래했습니다.

"내 영혼의 그윽히 깊은 데서 맑은 가락이 흘러나네

하늘 곡조가 언제나 흘러나와 내 영혼을 고이 싸네
평화 평화로다 하늘 위에서 내려오네
그 사랑의 물결이 영원토록 내 영혼을 덮으소서"

셋째, 찬송은 마음에 은혜가 넘치게 합니다.

캐나다에서 여러 해 동안 유능한 목회자로 사역한 존 루키스 목사는
90이 넘은 나이에도 불구하고 주님을 위해서 점점 더 활력 있는 삶을
보내고 계십니다. 언젠가 루키스 목사에게 그 나이에도 그토록 활력
있고 힘찬 삶을 보낼 수 있는 비결이라도 혹 있느냐고 묻자, 그는 "주
님께서 내게 이토록 좋은 건강을 허락하시는 이유는 내가 주님을 항상
찬양하기 때문입니다. 진실로 주님을 찬송하는 것이 내가 주님으로부
터 이렇게 풍성한 복을 누릴 수 있는 비결입니다." 라고 대답했답니다.
찬송은 슬픈 마음을 위로하고, 우울할 때 마음을 위로해 주고 감사
한 마음을 갖게 하며, 지저분한 생각들을 정돈해 줍니다. 예배시간에
찬송을 힘차게 부르는 사람은 마음이 하나님께 집중된 사람이며 예배
의 감격을 느끼는 사람입니다.

시 42:5 "내 영혼아 네가 어찌하여 낙심하며 어찌하여 내 속에서 불
안해 하는가 너는 하나님께 소망을 두라 그가 나타나 도우심으로 말
미암아 내가 여전히 찬송하리로다"

/ 말씀을 생각하며 /

오늘 묵상한 말씀 요약

오늘 배운 말씀의 교훈

이번 주 나의 기도

나	
가정	
이웃	
교회	
기타	

/ 제 18 주
찬송의 능력 - 2

본문 : 시 21:1-13
찬송 : 585, 355장

"여호와여 왕이 주의 힘으로 말미암아 기뻐하며 주의 구원으로 말미
암아 크게 즐거워하리이다 그의 마음의 소원을 들어 주셨으며 그의 입
술의 요구를 거절하지 아니하셨나이다" (시 21:1,2)

인간은 태어나면서부터 음악과 밀접한 관계가 있습니다. 심장의 맥
은 리듬이요, 말은 선율이요, 억양은 음정, 이미 음악의 기본적인 요
소를 갖춘 것입니다. 사람의 말을 들으면 그 사람에 대하여 어느 정도
는 알 수 있다고 하는 것은 말은 곧 사상이기 때문입니다. 그리스도인
으로서의 음악에서의 가치관은 어디에 있을까요? 한 마디로 하나님
을 찬양함에 있습니다.

첫째, 찬송은 회개하고 주를 의지하게 합니다.

영국 뉴잉글랜드 어느 농가에 살고 있던 한 여인이 아이를 낳았습니
다. 그 어머니는 앉으나 서나 아이에게 젖을 줄 때나 재울 때는 늘 찬
송을 불렀습니다.

"새 예루살렘 복된 집 네 이름 높도다
이 수고 언제 그치고 나 거기 가리까
나 거기 가리까"(찬송가 225장)

아이는 어머니 품에서 자라면서 이 찬송을 듣기만 하면 행복한 얼굴 표정을 지었습니다. 울다가도 이 찬송을 듣기만 하면 편안함을 가졌습니다.

그러던 어느 날 어머니가 병이 들어 죽고 새 엄마가 들어왔습니다. 새 엄마의 구박이 심하여 아이는 어머니가 보던 성경을 품에 안고 도시로 가출하였습니다. 혼자 살면서 결국 타락된 생활을 하다가 결국은 병들어 하숙집에 누워 죽음을 조용히 기다리고 있었습니다. 이웃 교회 전도사가 그 이야기를 듣고 하숙집을 방문하여 그 청년에게 간곡하게 전도하였습니다. 그러나 아무리 설득하여도 이 청년은 복음을 받아들이지 않았습니다.

어느 날 전도사가 전도하다 말고 창문을 열고 밖을 내다보면서 혼자 흥얼거리며 그 찬송을 불렀습니다.

전도사의 찬송을 듣는 순간 청년은 갑자기 어머니가 읽으시던 성경을 꺼내들고 몸부림치며 울며 방탕한 생활을 회개하였습니다. 순간 청년의 얼굴에서는 평생 맛보지 못하였던 기쁨의 눈물로 뒤범벅이 되었습니다. 그를 새로운 인생으로 태어나게 한 것은 찬송이었습니다.

둘째, 생명을 구원받게 하십니다.

부흥사 무디 목사의 유명한 찬송인도자였던 생키가 여객선을 타고 여행하고 있었습니다. 신문에서 그의 사진을 봤던 사람들이 그를 알아보고 그가 만든 찬송이 '선한 목자 되신 주여'를 불러달라고 졸랐습니다. 생키가 거절하지 못하고 그 찬송 부르기를 마치자 한 사람이 다가와서 "생키 선생님, 남북전쟁 당시 북군으로 참전한 일이 있습니까?" "네, 있었습니다." "저는 그때 남군으로 참전했는데 당신을 본 적이 있습니다. 당신은 북군의 파란 군복을 입고 있었죠. 하늘엔 보름달이 떠 있었고 당신은 제 사정거리 안에 있었습니다. 제가 당신을 겨냥해 방아쇠를 막 당기려고 하는데 당신이 노래를 부르기 시작했습니다. 오늘 밤에 부른 바로 그 찬송이었지요. 그 찬송은 저의 어머니께서 늘 부르시던 찬송이었습니다. 당신이 예수 믿는 사람이라는 것을 알게 된 이상 저는 도저히 당신을 쏠 수 없었습니다." 전쟁터에서 불렀던 생키의 찬양이 결국 자신의 생명을 구원할 수 있었던 것입니다.

시 21:13 "여호와여 주의 능력으로 높임을 받으소서 우리가 주의 권능을 노래하고 찬송하게 하소서"

셋째, 어두움 가운데서 하나님의 도움을 얻게 합니다.

영국의 여객선 스텔라호가 암초에 부딪쳐 난파되었습니다. 거친 파도는 승객들이 탄 구명보트를 삼켜버렸습니다. 그런데 12명의 여성이 탄 구명보트는 노가 없이도 계속 균형을 유지했습니다. 그 보트에는 유명한 가수인 마가렛 윌리엄스가 타고 있었습니다. 그녀는 승객들을 향하여 하나님만 의지하고 찬송을 부르자고 했습니다.

12명의 여성은 찬송을 부르며 공포의 밤을 보냈습니다. 그들은 사나운 폭풍과 칠흑 같은 어둠 속에서도 희망을 잃지 않았습니다. 이튿날 아침, 순양함이 생존자들을 찾아 나섰습니다. 그러나 짙은 안개 때문에 한치 앞도 볼 수 없는데, 어디선가 여인들의 찬송소리가 들려왔습니다. 구조대원들이 소리를 듣고서 여인들을 구조할 수 있었던 것입니다. 고난 속에서 부르는 찬송은 기적을 창출합니다.

대하 20:22 "그 노래와 찬송이 시작될 때에 여호와께서 복병을 두어 유다를 치러 온 암몬 자손과 모압과 세일 산 주민들을 치게 하시므로 그들이 패하였으니"

/ 말씀을 생각하며 /

오늘 묵상한 말씀 요약

오늘 배운 말씀의 교훈

이번 주 나의 기도

나
가정
이웃
교회
기타

/ 제 19 주
마리아의 찬양

본문 : 눅 1:46-56
찬송 : 368, 9장

"마리아가 이르되 내 영혼이 주를 찬양하며 내 마음이 하나님 내 구주를 기뻐하였음은 그의 여종의 비천함을 돌보셨음이라 보라 이제 후로는 만세에 나를 복이 있다 일컬으리로다" (눅 1:46-48)

사람이 어떤 노래를 좋아하는가를 보면 대개 그 사람이 어떤 사람인가를 알 수가 있습니다. 어쩌면 노래라는 것이 그 사람의 인격 형성에 결정적인 역할을 하는지도 모르겠습니다. 버스를 타면 요사이 유행하는 노래를 듣게 되는데 대중가요의 내용이나 곡이 건설적이지 않습니다. 노래는 사람에게 큰 영향을 미칩니다. 선호하는 노래는 그 사람의 인격과 신앙을 말해 줍니다. 오늘 주신 말씀에서 우리는 마리아의 찬양을 통해서 마리아의 사람됨과 그의 믿음을 알 수가 있습니다.

첫째, 예수님이 구주이심을 찬양했습니다.

마리아는 하나님의 특별한 계획에 의해서 예수님을 세상에 태어나게 하는 역할을 맡게 되었습니다. 그러나 그 자신은 비천한 여종에 불과하였다고 생각했습니다. 다만 마리아는 "하나님 나의 구주를 기뻐하였다"고 찬양합니다. 이것은 자기 마음속으로 예수 그리스도를 영접한 사람이 아니고는 부를 수 없는 찬양입니다.

사실 마리아는 예수님을 영접한다는 말을 이 세상에서 가장 실감 있게 이해한 사람이라고 볼 수 있습니다. 왜냐하면 예수님이 마리아의 몸 안에 있었기 때문입니다. 그러니까 마리아에게 주님이 내 안에 계시다는 이 말이 얼마나 생생하게 느껴졌겠습니까? 마리아는 이런 감격 속에서 내 영혼이 주를 찬양하며 내 마음이 하나님 내 구주를 기뻐하였다고 했습니다. 예수 그리스도가 나의 구주와 주님이 되신다는 사실을 고백하지 않고는 그 어느 누구도 그리스도인이 될 수가 없습니다. 이 고백은 기독교의 신앙생활에 들어가는 문과 같은 역할을 합니다.

처녀의 몸으로 잉태를 했으니 간단한 일이 아니었습니다. 사람들로부터 조롱과 모욕을 받아야 하는 처지였습니다. 그러나 마리아는 사람들로부터 조롱과 모욕을 받는 것이 문제가 아니었습니다. 내 속에 하나님이 오셨기 때문이었습니다. 구원받은 사람은 이렇게 사람들로부터 어떤 박해와 핍박과 조롱이 있을지라도 내 구주이신 하나님이 내 안에 오셨다는 사실 때문에 찬양하지 않을 수가 없는 것입니다.

둘째, 하나님의 은혜를 찬양했습니다.

천사가 나타나서 마리아에게 예수를 잉태하게 된 사실을 알릴 때 마리아는 어떻게 그런 일이 자기에게 있을 수가 있겠는가 하면서도 "말씀대로 이루어지이다" 라고 겸손하게 하나님의 뜻을 받아들였습니다. 이것이 하나님의 역사하심을 받아들일 수 있는 겸손한 마음입니다.

예수님이 잉태될 때 이 세상에는 잘난 여자, 부유한 여자들이 얼마나 많았겠습니까? 주님이 나를 돌아보신 것, 예수님을 잉태할 수 있는 특권을 주신 것이 하나님의 은혜라는 고백입니다. 마리아에게 무슨 공로가 있어서 예수님을 잉태했습니까? 이것은 하나님의 선물이요, 하나님의 은혜였습니다. 그래서 마리아는 주님께서 비천한 사람을 돌아보시고, 예수님을 잉태하는 특권을 주셨다고 고백한 것입니다. 우리에게도 우리를 구원해 주신 하나님의 은혜에 대한 감격이 있습니까?

엡 2:8 "너희는 그 은혜에 의하여 믿음으로 말미암아 구원을 받았으니 이것은 너희에게서 난 것이 아니요 하나님의 선물이라"

셋째, 하나님의 자녀가 된 것을 찬양했습니다.

요 1:12 "영접하는 자 곧 그 이름을 믿는 자들에게는 하나님의 자녀가 되는 권세를 주셨으니"

하나님의 자녀는 영생을 얻고 그리스도와 함께 영광에 참예하는 복을 받습니다. 마리아는 지금 자신이 하나님의 백성 중 한 사람이 되었다는 것을 생각하면서 행복해 하고 있습니다. 아브라함에게 복 주신 하나님이 그 언약의 자손인 자신에게도 기적을 행하셨음을 찬양합니다. 그리고 마리아는 하나님이 자기를 기억하시는데 대하여 감사하며 찬양합니다.

우리는 하나님의 자녀가 된 사실이 정말 행복합니까? 그 많은 사람 중에 하나님이 나를 기억하시고 계시다는 사실이 놀라운 일이 아닙니까? 누가 하나님의 자녀가 됩니까? 우리도 하나님의 자녀가 되었음을 감사하며 찬양하기를 바랍니다.

/ 말씀을 생각하며 /

오늘 묵상한 말씀 요약

오늘 배운 말씀의 교훈

이번 주 나의 기도

나
가정
이웃
교회
기타

감사

이는 모든 것이 너희를 위함이니
많은 사람의 감사로 말미암아
은혜가 더하여 넘쳐서
하나님께 영광을 돌리게 하려 함이라
(고후 4:15)

왜 감사 생활을 해야 하는가?

본문 : 골 2:1-7
찬송 : 348, 342장

"그러므로 너희가 그리스도 예수를 주로 받았으니 그 안에서 행하되"(골 2:6)

믿음과 감사는 정비례합니다. 믿음만큼 감사하게 되고, 감사하는 만큼 믿음의 사람이 됩니다. 믿음의 평가는 그 사람이 평소에 얼마나 감사하고 사는지 아닌지를 보면 알 수 있습니다. 그러므로 가장 위대한 믿음은 범사에 감사하는 믿음입니다. 기쁜 일이 있든지 슬픈 일이 있든지, 일이 잘 풀리든지 안 풀리든지, 범사에 감사하는 것은 최고의 미덕이요, 최고의 믿음입니다. 범사에 감사할 때 복이 오고 기적이 일어납니다. 왜 감사하는 생활을 해야 할까요?

첫째, 하나님께 영광 돌리기 때문입니다.

여호수아 20장 이하에 보면 하나님께서 백성들을 애굽에서 가나안 땅으로 인도해 들인 후 여호수아에게 이렇게 말씀하셨습니다. "너는 도피성(City of refuge)을 만들어라." 도피성이란 피난처를 의미합니다. 그러면 왜 이 제도를 만들어 놓으셨습니까? 그것은 인간의 연약함을 아시고 보호하기 위함입니다. 사람은 신이 아니기 때문에 본의 아니게 실수든, 연약하든, 정욕과 욕심에 이끌렸던 크고 작은 원치 않는 죄를 짓습니다. 심지어는 살인까지 저지르게 됩니다.

이때 하나님은 긍휼을 베푸셔서 누구든 도피성으로 피난을 하는 자는 용서를 받도록 했던 것입니다. 일단 도피성에 들어가면 아무도 그 사람을 잡으려고 따라 들어 갈 수가 없습니다. 도피성은 제사장이 지키는 신성불가침 구역으로 하나님의 보호를 받을 수 있는 안전지대입니다. 도피성은 모형과 그림자로서 그 실체는 곧 예수 그리스도입니다.

마 11:28 "수고하고 무거운 짐 진 자들아 다 내게로 오라 내가 너희를 쉬게 하리라"

주님은 곤고한 짐을 지고 있는 사람들에게 "내게 와서 구하라 내게로 와서 맡기라 나와 함께 변론하자"고 하셨습니다. 그러면 예수님께서는 어떠한 피난처로 자신을 나타내셨습니까? 그것은 곧 "죄인들의 피난처"가 되어주심을 말씀했습니다. 주님께 감사함으로 영광을 돌립시다.

시 50:23 "감사로 제사를 드리는 자가 나를 영화롭게 하나니 그의 행위를 옳게 하는 자에게 내가 하나님의 구원을 보이리라"

인간을 하나님의 형상대로 지으신 목적도 영광을 받으시기 위한 것이며, 지옥 갈 우리 모든 죄인들을 독생자 예수님의 십자가의 보혈로 값없이 구원받게 하신 것도 영광을 받으시기 위한 것입니다. 우리를 구원하신 주 예수 그리스도와 하나님께 넘치는 감사를 드립시다.

둘째, 더 큰 복을 받는 생활이기 때문입니다.

하나님은 감사할 줄 아는 사람에게 더 큰 복을 주십니다. 셋방살이를 하면서도 감사하면 언젠가는 전세방을 얻을 날이 오고, 전세방살이 하면서도 감사하는 사람은 내 집을 마련할 날이 반드시 옵니다.

스펄젼 목사는 "캄캄한 밤하늘에도 자세히 보면 별빛이 보인다. 별빛을 보고 감사하는 자에게는 달빛을 주시고 달빛을 보고 감사하는 자에게는 햇빛을 주시고 햇빛을 보고 감사하는 자에게는 달빛도 햇빛도 필요없는 영원한 천국의 빛을 주신다"고 했습니다. 감사하는 자에게는 점점 더 큰 은혜와 복을 주십니다. 그러나 받은 은혜에 감사할 줄 모르고 "요걸 주느냐?"고 불평하는 사람에게서는 주었던 것도 빼앗아 갑니다.

셋째, 인생을 행복하게 살기 때문입니다.

감사할 줄 아는 사람은 어떤 환경에서도 행복하게 살 수 있고, 불평과 원망을 일삼는 사람은 어떤 좋은 환경에서도 지옥 같은 생활을 하게 됩니다. 감사하는 사람은 자신도 행복해지고 남도 행복하게 해줍니다.

한 여신도가 교도소에 전도하러 갔다가 감사를 되찾았다고 합니다. 그 여신도는 남편이 공무원 생활을 하면서 너무 진실하고 고지식해서 부수입이 없기 때문에 평생 전세방 생활만 하는 것을 불평하고, 게다가 딸만 낳아서 불평을 했는데, 교도소에 가 보니까 나쁜 짓 하고 부정한 방법으로 치부하던 사람들이 감옥생활을 하는 것을 보고 남편에게 감사한 마음을 갖게 되었답니다. 그리고 교도소에는 거의 남자들 뿐이고 여자는 몇 명 없더랍니다. 그래서 딸만 주신 것을 감사하게 되었다고 합니다.

우리는 범사에 무조건 감사해야 됩니다. 부부 간에 서로 작은 일에도 감사할 때 행복을 느끼고, 부모 자식들 간에도 감사할 때 행복한 가정이 됩니다. 그래서 감사는(Thanking), 생각하는 데서(Thinking) 온다고 하지 않습니까? 따라서 범사에 하나님께 감사하면 신령한 은혜를 받고 예수 그리스도의 비밀을 누리는 복의 근원이 될 것입니다.

/ 말씀을 생각하며 /

오늘 묵상한 말씀 요약

오늘 배운 말씀의 교훈

이번 주 나의 기도

나	
가정	
이웃	
교회	
기타	

/ 제 21 주
그리스도의 이름으로 감사하라

본문 : 엡 5:15-20
찬송 : 23, 481장

"그런즉 너희가 어떻게 행할지를 자세히 주의하여 지혜 없는 자 같이 하지 말고 오직 지혜 있는 자 같이 하여 세월을 아끼라 때가 악하니라"(엡 5:15-16)

하박국 선지자가 "비록 무화과나무가 무성하지 못하며 포도나무에 열매가 없으며 감람나무에 소출이 없으며 밭에 먹을 것이 없으며 우리에 양이 없으며 외양간에 소가 없을지라도 나는 여호와로 말미암아 즐거워하며 나의 구원의 하나님으로 말미암아 기뻐하리로다"(합 3:17, 18)라며 구원의 하나님을 찬양했습니다. 기쁨과 즐거움이란 구원 자체에 있는 것이지 소유나 환경이나 조건에 있지 않습니다. 우리는 언제나 그리스도의 이름으로 감사하는 자들이 되어야 합니다. 그 이유는 무엇일까요?

첫째, 그리스도의 이름이 감사의 조건이기 때문입니다.

엡 5:20 "범사에 우리 주 예수 그리스도의 이름으로 항상 아버지 하나님께 감사하며"

범사에 우리 주 예수 그리스도의 이름으로 항상 아버지 하나님께 감사하라고 편지하고 있습니다. 감사의 조건이 우리 주 예수 그리스도, 그분의 이름입니다. 이것이 감사의 조건이요 감사의 내용이요 감사의 전부인 것입니다.

오스카 쿨만이라는 신학자는 예수 그리스도의 태어나심이 인류 역사의 분기점이라고 말합니다. 그 이전과 이후에는 현격한 차이가 있다고 보는 것입니다. 인류의 역사에 이런 분기점이 있듯이, 우리 개인의 삶도 예수 그리스도를 믿기 전과 예수 그리스도를 믿은 후에는 삶의 태도에 있어서 현격한 차이가 있습니다. 예수의 생명을 공급 받아 주님이 주신 기쁨과 평안을 소유한 자는 범사에 감사할 수 있습니다.

바울은 유대교에 있을 때 율법 아래에서 진정한 죄 사함과 구속의 은혜를 체험하지 못하다가 다메섹 도상에서 부활의 주님을 만나고 그는 예수 그리스도 안에서 누리는 생명이 얼마나 큰 것인가를 알고, 그리스도를 아는 지식을 가장 고상하게 여김으로 모든 것을 배설물로 여기게 되었다고 고백합니다. 주 예수보다 귀한 분은 없습니다. 예수 그리스도는 우리의 모든 것에 모든 것이 되시기 때문입니다.

둘째, 예수님 때문에 감사할 일이 생기기 때문입니다.

송명희 시인은 태어날 때 의사가 집게로 소뇌를 잘못 건드려서 뇌성마비가 되어 한번도 정상적인 삶을 살지 못했습니다. 태어날 때부터 뇌성마비로 온 몸이 비비 꼬여서, 말 한마디를 하려고 하면 죽다 살아나는 그런 고통을 겪으면서 해야 할 정도로 일급 장애인입니다. 그가 예수님을 만나고 나서 얼마나 많은 시를 썼는지 모릅니다. 그 시 하나하나를 읽을 때마다 가슴을 저미며 오는 감동이 있지 않습니까? 그가 쓴 시 가운데 "나"라는 시가 있습니다.

"나 가진 재물 없으나
나 남이 가진 지식 없으나
나 남에게 있는 건강 있지 않으나

나 남이 없는 것 있으니
나 남이 못 보는 것 보았고
나 남이 듣지 못한 음성 들었고
나 남이 받지 못한 사랑 받았고
나 남이 모르는 것 깨달았네
공평하신 하나님이 나 남이 가진 것 나 없지만
공평하신 하나님이 나 남이 없는 것 갖게 하셨네"

뇌성마비로서 남이 가진 것의 90%를 못 가진 자매입니다. 그렇지만 예수님을 만났습니다. 예수님이 그의 마음을 가득히 채웠습니다. 남이 갖지 못한 것 내게 있고, 내가 가진 것과 남이 없는 것을 비교하면서, 오히려 예수님의 사랑을 받고 그분의 음성을 듣는 것만으로 감사하는 것입니다. 예수님 때문에 항상 감사하고 범사에 감사하는 삶입니다.

셋째, 하나님의 은혜를 알면 모든 것이 감사합니다.

감사란 타인이 하는 것이 아니라 바로 내가, 나의 하나님께 하는 것입니다. 감사하는 사람에게는 매사가 감사로 귀결되나 불평하는 자에겐 모든 일이 불안으로 끝납니다. 감사는 은혜의 산물이요, 신앙의 표현이며, 복의 열매요, 천국 생활의 상징이며, 하나님을 영화롭게 해 드리는 최고의 제사입니다.

예수 그리스도는 길이요 진리요 생명입니다. 모든 것에 모든 것이 되십니다. 생수의 근원이요 푸른 초장이요 쉴 만한 물가입니다. 예수님을 믿고 영접하여 하나님의 아들의 신분을 얻은 사람은 다시 목마름이 없고 주림이 없으며 범사에 감사할 수 있습니다. 은혜를 알면 모든 것이 감사합니다.

/ 말씀을 생각하며 /

오늘 묵상한 말씀 요약

오늘 배운 말씀의 교훈

이번 주 나의 기도

나
가정
이웃
교회
기타

/ 제 22 주
감사의 톤을 높여라

본문 : 눅 17:11-19
찬송 : 290, 295장

"그 중의 한 사람이 자기가 나은 것을 보고 큰 소리로 하나님께 영광
을 돌리며 돌아와 예수의 발 아래에 엎드리어 감사하니 그는 사마리
아 사람이라"(눅 17:15, 16)

우리는 자아의 소리, 세상의 유혹하는 소리가 너무 강력하여 목적을
상실하고 방황할 때가 있습니다. 우리의 대적 사탄이 넣어 주는 달콤
한 소리 때문에 그것이 살길인 것처럼 따라 가다가 우리의 영혼이 무
너질 때도 있습니다. 감사 대신 불평을 토해낼 때도 있습니다.

성도가 구원받은 은혜만 생각해도 감사하며 찬송하며 사는 것이 당
연하지만 감사 없이 마지못해 끌려다니며 신앙생활하는 사람이 많이
있습니다. 하나님이 우리를 구원해 주신 뜻은 하나님의 은혜의 바다
에서 하나님이 원하시는 모습으로 자유롭게 뛰놀며 사는 것입니다.

성도가 어떻게 하면 성도다운 열매맺는 삶을 살 수 있겠습니까?

첫째, 모든 사람이 예외 없이 은혜를 받았습니다.

예수님께서 사마리아와 갈릴리 사이를 지나 예루살렘으로 가시다가
어떤 촌에 들르셨습니다. 거기서 열 명의 나병(癩病)환자를 만나게 됩
니다. 구약 율법에 따르면 나병환자들은 나병이 발병하자마자 사랑하
는 가족들과 떨어져서 고향을 등지고 살아야 했습니다. 행여 정상인
들이 가까이 오면 "나는 나병에 걸렸으니 나를 떠나주세요!" 라고 외

쳐야 했습니다. 이런 일이 반복되는 가운데 얼마나 비참한 생각이 그들을 사로잡았겠습니까?

열 명의 나병환자들이 예수님의 방문 소식을 들었을 때도 가까이 오지를 못했기에 "예수 선생님이여 우리를 긍휼히 여기소서" 라고 소리를 질렀습니다. 그들이 예수님의 말씀을 따라 길을 가는 동안 나병은 깨끗이 치유되었습니다.

우리는 알게 모르게 하나님의 은혜를 입고 사는 사람들입니다. 모든 사람들이 은혜를 받았으나 단지 깨닫지 못할 뿐입니다. 은혜는 받았으나 눈이 감겨 있을 뿐입니다. 어떤 태도와 관점으로 접근하느냐에 따라 같은 사물과 사건이지만 달라질 수 있습니다. 조국에 대해 감사한 마음이 있을 때 그는 참 국민이 됩니다. 배우자를 내 인생의 기쁨으로 감사하며 바라볼 수 있을 때 비로소 참된 배우자로 거듭납니다. 자녀들도 부모의 은덕, 사랑, 보살핌에 대해 감사한 마음을 가질 때 효자 효녀가 되는 것입니다. 교회에 한 멤버로 속해 있다는 것이 정말로 감사로 느껴질 때 비로소 그 교회의 교인이 됩니다. 우리 예수 믿는 사람들도 복음에 대한 감격이 인생 깊숙한 곳에서부터 터져 나올 때 비로소 '그리스도인다운 그리스도인', '복음의 사람'이 되는 것입니다.

둘째, 오직 한 사람만이 감사드렸습니다.

열 명의 나병환자들이 고침 받았지만 오직 한 사람만이 돌아와 감사를 표했습니다. 응답받은 사람은 많으나 감사로 열매맺는 사람들은 지극히 적습니다. 나이가 들면 골다공증(骨多孔症)으로 칼슘이 뼈 속에서 빠져나가 어려움을 겪게 되는 수가 있습니다. 동일한 이치로 삶에서 감사가 빠져나간 것에 무감각한 채 살아가는 사람들이 있습니다.

열 명의 사람들이 계속 자기 길을 가는 중에 한 사람이 돌아선다는 것은 쉬운 일이 아닙니다. 바람이 부는 대로 물결이 치는 대로 쏠려 사는 것은 전혀 힘이 들지 않습니다. 하지만 흘러가는 물을 역류하듯 사는 것은 어려운 일인데도 사마리아 사람은 주님께로 즉시 돌아섰습니다. 그리고 그는 할 수 있는 최대의 감사를 드렸습니다.

영적으로 메마르고 죽은 사람은 결코 하나님께 감사를 할 수가 없으나, 영적으로 살아 있는 사람은 언제 어느 곳에서든지 입술로, 물질로, 자기의 전 존재를 드려 하나님께 감사할 수 있습니다. 감사함으로 하나님의 은혜를 받아 누리는 자가 참된 부자입니다.

골 2:7 "그 안에 뿌리를 박으며 세움을 받아 교훈을 받은 대로 믿음에 굳게 서서 감사함을 넘치게 하라"

셋째, 그는 감사함으로 참된 구원의 복음을 누리게 되었습니다.

처음 열 명의 나병환자들은 예수님을 선지자 중 한 사람 혹은 선을 베푸는 선생님 정도로 알았을 것입니다. 그러나 인생을 고쳐 주심을 통하여 "아! 이분이 바로 메시아구나!" 하는 본질적인 믿음이 회복되었습니다. 사마리아인은 육체의 질병만을 치료받은 것이 아니라 영혼의 구원이라는 복을 받았습니다.

하나님의 은혜와 은혜 사이에, 복과 복 사이에는 감사의 금사다리가 놓여 있습니다. 또 한번의 하나님의 은혜를 누리기 위해서는 마치 대나무가 매듭을 지으며 자라가듯 감사의 매듭을 만들며 전진하는 삶을 살아야 합니다. 한 가지 일 때문에 감사하는 자에게 주님은 열 가지 감사의 제목을 주십니다. 우리의 믿음과 하나님의 은혜는 감사를 통해서 자라납니다. 우리의 전 존재를 드려 하나님에 대한 감사의 톤(tone)을 높입시다.

/ 말씀을 생각하며 /

오늘 묵상한 말씀 요약

오늘 배운 말씀의 교훈

이번 주 나의 기도

나	
가정	
이웃	
교회	
기타	

/ 제 23 주
그럼에도 불구하고

본문 : 단 6:10
찬송 : 551, 323장

"다니엘이 이 조서에 왕의 도장이 찍힌 것을 알고도 자기 집에 돌아가서
는 윗방에 올라가 예루살렘으로 향한 창문을 열고 전에 하던 대로 하루
세 번씩 무릎을 꿇고 기도하며 그의 하나님께 감사하였더라"(단 6:10)

"나 가진 재물 없으나 / 나 남이 가진 지식 없으나
나 남에게 있는 건강 있지 않으나 / 나 남이 없는 것 있으니
나 남이 못 본 것을 보았고 / 나 남이 듣지 못한 음성 들었고
나 남이 받지 못한 사랑 받았고 / 나 남이 모르는 것 깨달았네
공평하신 하나님이 나 남이 가진 것 없지만
공평하신 하나님이 나 남이 없는 것 갖게 하셨네."

우리는 조건이나 환경이 바뀌기를 기도하기 전에 먼저 우리 자신이
바뀌도록 기도해야 합니다. 고통스런 상황이라고 해서 절망하고 포기
할 것이 아니라, 어려운 상황에서도 감사의 조건을 찾고 고통의 언덕
너머를 볼 수 있는 자세가 중요합니다.

첫째, 죽을 줄 알면서도

다니엘(Daniel)은 BC.605년 유다 왕 여호야김 때 1차 바벨론 포로
로 잡혀갔던 유대인으로 왕족이나 귀족의 신분입니다(단 1:3,6). 그
는 60여년간 바벨론 왕의 조언자이자 치리자요, 메대 나라의 총리로

일했습니다(단 5:29, 6:1-2). 포로로 잡혀온 다니엘이 너무 똑똑하고 출세하니까 다른 사람들이 그를 시기하기 시작했습니다. 그를 시기한 다른 총리와 방백들이 다리오 왕에게 왕 외에 다른 신을 섬기지 못하게 하는 조서를 내리도록 간청했습니다(단 6:3-9). 왕은 신하들의 계략에 어인을 찍었습니다. 왕이 발표하는 문서에 도장을 찍었다는 것입니다. 이제 다니엘은 하나님께 기도하기만 하면 사자의 밥이 됩니다.

단 6:10 "다니엘이 이 조서에 왕의 도장이 찍힌 것을 알고도 자기 집에 돌아가서는 윗방에 올라가 예루살렘으로 향한 창문을 열고 전에 하던 대로 하루 세 번씩 무릎을 꿇고 기도하며 그의 하나님께 감사하였더라"

다니엘은 불평도, 원망도 하지 않고 오히려 전에 행하던 대로 감사의 기도를 했습니다. 죽기로 작정하고 기도했고, 죽기로 작정하고 감사했던 것입니다. 일절 굴복함이 없는 신앙의 절개를 지켰습니다.

둘째, 그럼에도 불구하고

좋은 일이 있을 때 감사를 못하는 사람이 어디 있겠습니까? 보통 사람은 좋은 일이 있으면 감사합니다. 그럼에도 불구하고 좋은 일이 생겼는데도 감사할 줄 모른다면 그는 배은망덕한 사람입니다.

"안 되면 조상 탓, 잘 되면 내 탓"이라는 말이 있습니다. 사람들은 일이 안 된다 싶으면 곧바로 다른 사람을 탓하고 원망합니다.

원망은 습관이 되고, 자신을 파멸로 이끄는 독화살이 되기도 합니다. 원망과 불평은 노예들의 몸에 배인 악습입니다. 주인은 문제가 생기면 해결하기 위해 노력하며 책임을 지고 일 처리를 합니다. 그러나 노예들은 모든 문제를 원망과 불평으로 일관합니다. 일이 많으면 많다. 없으면 없다 불평하는 것이 노예근성이며, 무슨 일이 생기면 책임을 회피하는 것이 노예들의 태도입니다.

애굽에서 4백 년 동안 노예생활했던 이스라엘 백성들의 몸에 배인 습관이 원망과 불평이었음을 광야생활을 통해서 잘 드러내 주고 있습니다. 우리는 원망과 불평보다도, 그럼에도 불구하고 감사하는 성도들이 되어야 하겠습니다.

셋째, 역경 중에도

보통 사람들은 행복할 때, 기쁠 때, 잘될 때 감사합니다. 그러나 하나님께서 성경말씀에 가르쳐 주신 진리는 '감사하니까 행복한 것이고, 감사하니까 잘 되는 것'입니다.

믿음의 돋보기를 쓰고, 영적 시력을 회복하고, 감사의 선글라스를 쓰고, 만사를 감사의 색깔로 바라볼 수 있어야 합니다. 예수 믿은 것, 하나님이 우리를 구원하시기 위해 예수님을 십자가에 피 흘리게 하신 것, 하나님의 자녀 되게 하신 것, 천국 백성 되게 하신 것 모두 감사의 조건입니다. 역경 중에도 감사하며 사시기 바랍니다.

비록 힘이 들고 어려운 세상이지만 내가 달라지면 환경이 바뀝니다. 내 믿음이 달라지면, 내 삶의 자세가 달라지면 직장도 가정도 범사가 달라질 것입니다.

/ 말씀을 생각하며 /

오늘 묵상한 말씀 요약

오늘 배운 말씀의 교훈

이번 주 나의 기도

나
가정
이웃
교회
기타

/ 제 24 주
범사에 감사하라

본문 : 살전 5:18
찬송 : 66, 287장

"범사에 감사하라 이것이 그리스도 예수 안에서 너희를 향하신 하나님의 뜻이니라"(살전 5:18)

1946년 6월 공산주의자들은 일제 치하 때 순교하신 주기철 목사의 아들 주영진 전도사를 잡아갔습니다. 이때 주기철 목사의 부인되는 오정모 사모는 다음과 같은 감사기도를 드렸습니다.

"오, 하나님, 감사합니다. 목사님을 제물로 받으시더니 또 아들까지 받으시려 합니까? 한없는 영광을 주시니 감사합니다. 어린 종에게 담대한 마음 주시사 시험에 들지 않게 하여 주옵소서!"

참된 신앙인의 감사란 세상적인 것이 아니라 영원한 것임을 잘 보여주고 있습니다.

첫째, 감사는 신앙생활의 바로미터입니다.

멕시코의 어떤 마을에는 냉천과 온천이 솟아오르는 지역이 있습니다. 그래서 멕시코의 여인들은 그곳으로 가서 빨래를 하는데 온천에서 삶아 빨고 냉천에서 헹구어 빨래를 마칩니다. 관광객들은 그러한 장면을 보고 신기해하며 이처럼 온천과 냉천이 솟아나니 여기 있는 여인들은 너무 감사하겠다고 말하였습니다. 그런데 멕시코 안내원은 "아니요, 이곳에서는 감사하지 않습니다. 이곳 사람들은 하나님께서 냉천과 온천을 주시면서 왜 비누를 주시지 않아 우리가 비누를 가져와야 하는가?"라며 불평을 한다는 것입니다. 이처럼 있는 것에 감사할 줄 모르고 없는 것만을 생각하며 불평할 때 우리 인생은 불평이 끝이 없습니다. 받지 않은 것을 헤아려 불평할 것이 아니라 받은 것을 헤아려 감사하고, 없는 것을 헤아려 불평할 것이 아니라 있는 것을 가지고 감사해야 할 것입니다.

딤전 4:4 "하나님께서 지으신 모든 것이 선하매 감사함으로 받으면 버릴 것이 없나니"

둘째, 감사생활은 주님의 뜻대로 사는 삶입니다.

기쁨과 기도와 감사가 없는 삶은 하나님의 뜻대로 사는 삶이 아닙니다. 범사에 감사한다는 것은 환경과 조건에 상관없이 영원불변하시는 구원자 예수 그리스도 안에서 감사하는 인생을 말합니다.

초대교회 성도들은 바른 교리 위에 바른 신앙생활을 함으로 백성들로부터 칭송을 받았습니다. 불신자들에게는 성도들의 감사하는 삶, 기뻐하는 삶의 모습을 보면서 전도가 됩니다. 평소에 감사하는 삶을 살면서 생활의 전도인이 되시기 바랍니다. 이것이 바로 주님이 기뻐하시는 뜻입니다.

토머스 에디슨은 평생 2,000여 개의 발명품을 만들어 냈습니다. 그래서 에디슨은 지금까지 발명왕으로 통합니다. 그런데 에디슨은 천재가 아니고 어렸을 때는 저능아 취급을 받았습니다. 그래서 학교에서 쫓겨나기까지 했습니다. 설상가상으로 그는 젊어서 듣지 못하는 장애인이 되었습니다. 환경으로 보면 최악의 악조건입니다. 그런데 그는 말년에 생을 회고하면서 이 점을 늘 하나님께 감사했다고 밝혔습니다. 연구실에 들어가면 잡음이 들리지 않아 연구에 몰두하게 되어 연구실적을 올릴 수 있었다고 고백했습니다. 그래서 그는 "내 귀를 들리지 않게 해 주신 하나님께 감사한다"고 했습니다.

모든 일에 감사할 원인을 찾는 것이, 우리의 삶을 꽃피게 해 주고 기름지게 하며 풍성하게 해 줍니다. 그런데 요사이는 너무 많은 것이 주어져서 감사하지 못하는 시대인 것 같습니다.

셋째, 감사생활은 성령충만한 삶입니다.

엡 5:19-20 "시와 찬송과 신령한 노래들로 서로 화답하며 너희의 마음으로 주께 노래하며 찬송하며 범사에 우리 주 예수 그리스도의 이름으로 항상 아버지 하나님께 감사하며"

성령충만한 삶은 감사생활로 나타나야 합니다. 원망과 불평이 내 입에서 떠나지 않는 것은 성령을 계속해서 근심시키는 일입니다. 성도는 조그마한 일에도 먼저 감사하는 말을 함으로 성령께서 기뻐하시는 삶을 살아야 합니다.

탈무드에 "만일 다리를 한 쪽만 잘렸으면 하나님께 두 다리가 다 잘리지 않은 것을 감사하라. 만일 두 다리가 잘렸으면 하나님께 목이 부러지지 않은 것을 감사하라. 만일 목이 부러져 버렸으면 그 뒤는 걱정할 일이 없다."는 이야기가 있습니다.

하박국 선지자는 "비록 무화과나무가 무성하지 못하며 포도나무에 열매가 없으며 감람나무에 소출이 없으며 밭에 먹을 것이 없으며 우리에 양이 없으며 외양간에 소가 없을지라도 나는 여호와로 말미암아 즐거워하며 나의 구원의 하나님으로 말미암아 기뻐하리로다"(합 3:17-18)라고 고백하였습니다. 우리도 하박국 선지자처럼 어떤 상황에서도 주님을 기뻐하고 감사하며 삽시다.

정말 감사할 수 없는 상황에서 감사할 수 있는 것은 성령님의 역사입니다. 우리도 성령충만하여 늘 감사한 생활을 하여야 하겠습니다.

/ 말씀을 생각하며 /

오늘 묵상한 말씀 요약

오늘 배운 말씀의 교훈

이번 주 나의 기도

나	
가정	
이웃	
교회	
기타	

감사를 찾는 생활

본문 : 욥 10:12
찬송 : 348, 331장

"생명과 은혜를 내게 주시고 나를 보살피심으로 내 영을 지키셨나이다"(욥 10:12)

욥 10:12은 그의 눈앞에 태양도, 달도, 밤하늘의 별 하나도 보이지 않는 암담한 절망의 날에 한 기도입니다. 그 많던 재산이 하루 동안에 불타 없어지고 도둑맞아 없어지고 종들도 거의 다 죽어버렸습니다. 그의 10남매 자녀들이 맏아들의 집에서 잔치할 때에 태풍이 불어와서 집이 폭삭 무너져 열 자녀가 다 죽어버렸습니다. 친구까지도 다 잃어버리고 온몸에 악창이 나서 피고름이 흘러 썩는 냄새가 나고 구더기들이 득실거렸습니다. 마지막으로 기대했던 아내마저도 "하나님을 욕하고 죽으라"고 욥에게 말했습니다. 이런 참담한 절망의 때에 그는 하나님과 변론하다가 깊은 데서부터 감사가 우러나와 이같이 말했습니다.
"생명과 은혜를 내게 주시고 권고하심으로 내 영을 지키셨나이다"

첫째, 하나님은 나에게 생명을 주셨습니다.

"모든 것이 나에게서 다 없어졌을지라도 아직 생명이 살아 있습니다. 내가 살아 있는 동안은 그 생명을 주신 하나님을 경배하고 모든 생명의 근원이신 하나님께 영광을 돌리고 복의 근원이신 하나님을 칭송하리로다"라는 뜻입니다.

내가 아직 살아 있다는 것, 개나 돼지나 나무 같은 것으로 태어나지 않고 인간으로 태어나 생명을 갖고 있다는 것이 얼마나 감사한 일입니까? 기둥에 붙들어 매여 있다가 보신탕이 될 개로 태어나지 않고, 풀 위를 기어다니는 징그러운 뱀으로 태어나지 않은 것이 얼마나 감사합니까? 더욱이 우리 그리스도인들은 영생을 얻고 천국까지 소유했으니 만 입이 있어도 다 감사할 수 없고 내일 죽어도 감사할 수밖에 없습니다.

어느 목사님이 죽어가는 어느 성도를 심방하여 위로했더니 도리어 그는 침상에서 "하나님께서 그리스도를 믿는 자에게 영생을 주신 이 사실이 얼마나 놀랍습니까?" 하고 기쁨이 충만하여 말하더랍니다. 영원한 생명, 천국의 영생복락을 허락 받았으니 얼마나 감사한 일입니까? 우리의 맥박이 멈출 때는 영원하고 완전한 생명으로 바뀌는 순간입니다.

둘째, 하나님이 내게 은혜를 주셨습니다.

욥은 그 참담하고 암담한 고통의 순간에도 하나님이 전에 베풀어 주신 은혜를 생각했습니다. 하나님은 우리에게 건강한 몸을 주셨고, 볼 수 있는 눈을 주셨고, 다리가 둘 다 없거나 하나가 없는 사람도 있는데 두 다리를 주셨으니 얼마나 감사합니까?

금년 한 해 동안에도 얼마나 많은 사람이 교통사고로 죽고, 자살해 죽고, 화재로 죽고, 수해로 죽고, 수많은 사람이 생명을 잃었는데 우리를 지켜주신 은혜가 얼마나 감사합니까?

재산을 잃고 정신도 잃고 폐인이 되어 돌아가는 사람도 있고 멀쩡한 것 같지만 마귀의 사상인 공산주의 사상에 속아서 정상적인 판단을 못하는 사람이 얼마나 많습니까? 그런데 우리를 이렇게 보호해 주신 것 얼마나 감사합니까? 또 온 가족이 먹고 입고 살아왔다는 것이 얼마나 큰 은혜입니까? 하나님의 자비의 손길이 함께하셨기 때문입니다.

셋째, 내 영혼을 지키셨나이다.

"생명과 은혜를 내게 주시고 권고하심으로 내 영을 지키셨나이다" 하는 말씀 중에 "권고하심으로 내 영혼을 지키셨나이다"라고 하셨습니다. 영어로는 "Your visitation have preserved my spirit"이라고 되어 있는데, "하나님이 나를 찾아오셨다"는 말씀입니다.

하나님은 수없이 저와 여러분을 방문해 주셨습니다. 하나님은 우리의 마음 문을 두드리시며 찾아오십니다.

계 3:20 "볼지어다 내가 문 밖에 서서 두드리노니 누구든지 내 음성을 듣고 문을 열면 내가 그에게로 들어가 그와 더불어 먹고 그는 나와 더불어 먹으리라"

성령께서 우리 심령에 찾아오시고, 설교 말씀으로 찾아와 마음 문을 두드리시고, 기도의 응답으로 찾아오기도 하십니다. 하나님은 이렇게 우리를 찾아와 권고하십니다. 언제나 우리는 하나님께 감사하는 삶을 살아야 하겠습니다.

/ 말씀을 생각하며 /

오늘 묵상한 말씀 요약

오늘 배운 말씀의 교훈

이번 주 나의 기도

나
가정
이웃
교회
기타

/ 제 26 주
감사를 찾는 방법

본문 : 롬 6:17-20
찬송 : 458, 461장

"한 사람의 범죄로 말미암아 사망이 그 한 사람을 통하여 왕 노릇 하였
은즉 더욱 은혜와 의의 선물을 넘치게 받는 자들은 한 분 예수 그리스
도를 통하여 생명 안에서 왕 노릇 하리로다 그런즉 한 범죄로 많은 사
람이 정죄에 이른 것 같이 한 의로운 행위로 말미암아 많은 사람이 의
롭다 하심을 받아 생명에 이르렀느니라"(롬 5:17-18)

밥 존스 박사(Dr. Bob Jones)는 "믿음의 동산에 피는 꽃 중에 가장
사랑스러운 꽃은 감사의 꽃이다"(the flower of gratitude)라고 하면
서 "마음의 동산에 감사가 사라질 때 그 사람은 거의 죽은 것이나 다름
이 없다"고 했습니다. 아이작 윌튼(Issac Wilton)은 "하나님이 거하시
는 곳이 두 곳 있는데 하나는 천국이요, 다른 하나는 감사하는 마음이
다"라고 했습니다. 불평과 불만이 있는 곳에는 악령이 역사하고, 감사
가 넘치는 곳에는 성령이 역사하는 법입니다. 그러면 우리는 어떤 생
각, 어떤 마음의 자세를 가져야 감사를 찾는 생활을 할 수 있겠습니까?

첫째, 주님의 관점에서 보아야 합니다.

인간은 한치 앞도 내다보지 못합니다. 우리의 먼 미래까지 내다보
시고 섭리하시는 주님의 관점에서 보아야 고난 중에도 감사할 수 있
습니다.
크로스비(Fany J. Crosby)라는 여자는 앞 못 보는 장님이지만 영의

눈이 밝아서 2,000여 편의 찬송가를 작사한 분입니다. 찬송가 384장 "나의 갈 길 다가도록 예수 인도하시니", 288장 "예수로 나의 구주 삼고 성령과 피로써 거듭나니" 등 은혜로운 찬송가를 많이 작사한 분입니다. 그녀는 어려서 가정부의 잘못으로 장님이 되었지만 할머니가 성경 읽어주는 것을 듣다가 거듭난 사람입니다. 그녀는 "만약에 하나님이 나에게 시력을 허락해 주신다 해도 나는 안 받으렵니다. 하늘나라에 가면 밝은 눈을 주실 터인데 세상에서 더럽혀지지 않은 깨끗한 눈으로 주님의 얼굴을 보렵니다. 그리고 나는 내 눈을 멀게 한 그 사람을 만나면 그녀에게 감사드리겠습니다" 라고 했답니다.

크로스비가 눈이 멀지 않았다면 그렇게 영감이 넘치는 찬송가를 많이 작사할 수가 있었겠습니까? 영적인 눈을 떠서 주님의 관점에서 모든 사건을 보아야 합니다.

둘째, 긍정적으로 생각해야 합니다.

이해할 수 없는 고통이 닥쳐와도, 앞이 안 보이는 캄캄한 절망 속에 들어가더라도 좋으신 하나님이 나를 더 좋게 만들어 주실 것을 믿고 모든 것을 긍정적으로 생각해야 합니다.

메튜 헨리(Methew Henry) 목사님이 어느 날 밤거리를 걷다가 강도를 만나 지갑을 빼앗겼습니다. 그런데 집에 들어와서 감사기도를 하였습니다. "오늘 강도를 만났지만 그동안 강도 만나지 않은 것 감사합니다. 그리 많지 않은 것을 잃게 되어서 감사합니다. 내가 강도 만난 자가 되고 내가 강도 되지 않은 것 감사합니다. 지갑은 빼앗겼지만 생명을 빼앗기지 않은 것 감사합니다." 이 얼마나 긍정적입니까?

어떤 고난과 역경에 처한다 할지라도 "이 상황에서 최대의 장점은 무엇인가?" 하고 긍정적으로 생각하면서 장점을 찾도록 해야 합니다.

롬 8:28 "우리가 알거니와 하나님을 사랑하는 자 곧 그의 뜻대로 부르심을 입은 자들에게는 모든 것이 합력하여 선을 이루느니라"

셋째, 전화위복을 믿기 때문입니다.

롬 5:8 "우리가 아직 죄인 되었을 때에 그리스도께서 우리를 위하여 죽으심으로 하나님께서 우리에 대한 자기의 사랑을 확증하셨느니라"

하나님의 자녀들이 당하는 모든 환난과 실패와 고통을 복으로 바꾸어주시는 하나님을 믿기 때문에 감사할 것을 찾아야 합니다.

요셉은 하나님의 특별한 사랑을 받고 아버지의 사랑을 독차지한 사람이었지만 형들의 시기로 죽을 뻔하고 애굽에 종으로 팔려가 많은 고생을 했고, 또 억울하게 감옥살이를 몇 년씩이나 했습니다. 참으로 불행한 사람같이 보였고 세상 말로 억세게 재수 없는 사람처럼 보였지만 요셉은 끝까지 하나님의 사랑과 섭리를 믿고 의지하며 나아갔습니다. 감옥살이 하면서도 "하나님이 함께하시고 형통하게 하셨더라"고 기록되어 있습니다. 그 감옥생활을 했기 때문에 정치인들과 사귀게 되었고 꿈 해몽도 해서 결국 애굽의 총리대신이 된 것입니다.

하나님은 화를 선으로 바꾸시는 분이기 때문에 어떤 고난, 역경 속에서도 하나님의 사랑을 의심하지 말고 감사할 조건을 찾으며 감사하는 생활을 해야 합니다. 하나님께 마땅히 감사함으로써 우리의 믿음이 날로 성장하기를 원합니다.

살후 1:3 "형제들아 우리가 너희를 위하여 항상 하나님께 감사할지니 이것이 당연함은 너희의 믿음이 더욱 자라고 너희가 다 각기 서로 사랑함이 풍성함이니"

/ 말씀을 생각하며 /

오늘 묵상한 말씀 요약

오늘 배운 말씀의 교훈

이번 주 나의 기도

나
가정
이웃
교회
기타

/ 제 27 주
감사하는 삶

본문 : 시 50:23
찬송 : 287, 395장

"감사로 제사를 드리는 자가 나를 영화롭게 하나니 그의 행위를 옳게
하는 자에게 내가 하나님의 구원을 보이리라"(시 50:23)

하나님의 은혜를 체험하는 것도 중요하지만, 받은 은혜를 간직하는
것이 더 중요합니다. 범사에 감사하는 사람에게 은혜가 간직되고 계
속됩니다. 그러므로 은혜를 깨닫지 못하고 은혜를 간직하지 못하는 사
람은 감사를 잃어버렸다는 말입니다. 우리는 이미 받은 은혜와 지금
도 받고 있는 은혜를 깨닫고 감사함으로 그 은혜를 간직해야 합니다.
그러면 우리의 사는 환경이 모질고 힘들어도 우리는 범사에 감사하며
행복하게 살 수 있을 것입니다.

첫째, 실망보다는 감사하는 삶을 사십시오.

코미디언 이주일씨가 단역으로 활동할 때, 그는 못생긴 얼굴 때문에
항상 시체 역할이나 잠깐 스쳐가는 행인 역할만 했습니다. 그러던 어느
날 대사가 있는 역이 주어졌는데, 환자의 사망을 확인하는 의사역이었
습니다. 난생처음 대사가 있는 역할을 받고 그는 맹렬히 연습했습니다.
드디어 방송이 있던 날, 자신의 출연 차례가 되어 무대로 나갔습니다. 이
제 청진기를 환자의 가슴에 대어보고 눈꺼풀을 열어본 후에 심각한 표
정으로 "운명하셨습니다" 라고 말하면 됩니다. 그런데 너무 긴장한 나

머지 환자의 눈꺼풀을 연다는 것이 자신의 눈을 까뒤집으며 "운명하셨습니다" 라고 했습니다. 분명히 방송사고였지만 시청자들이 "너무 웃긴다"고 하니까, 오히려 그 사고로 이주일씨가 뜰 수 있었다고 합니다. 이런 경우를 전화위복(轉禍爲福)이라고 합니다. 그러므로 우리는 감사함으로 절망을 희망으로 바꾸어야 할 것입니다.

둘째, 불평보다는 감사하는 삶을 사십시오.

죄를 지어 감옥에 간 사람이 감옥에서 죄를 회개하고, 자기 자신을 돌아보는 기회로 삼고, 자신이 낮아지는 기회로 삼았습니다. 그러자 그 사람에게 감옥은 더 이상 감옥이 아니라 수도원이 되었습니다.

때로는 마음에 안 드는 일이 있어도 자기에게 펼쳐진 환경과 조건을 그대로 받아들이고, 그 속에서 자기가 해야 할 일을 묵묵히 감당해야 합니다. 마음에 들지 않는 현실 속에서도 내가 할 일을 잘 감당하여 아름다운 삶의 꽃을 피워내고, 신선한 공기를 자기 주변에 불어넣는 사람이 바로 진실한 그리스도인이라고 말할 수 있습니다.

불평하는 말은 듣는 사람의 기쁨을 빼앗고, 그 영혼을 우울하게 만듭니다. 그러나 감사하고 격려하고 칭찬하는 말 한 마디는 사람에게 즐거움을 주고, 영혼을 생동감 있게 만듭니다. 그런 의미에서 감사하고 칭찬하는 습관은 인생을 행복하게 살아가는데 있어서 가장 가치 있는 자산입니다. 이제는 불평보다는 감사하는 삶을 살 수 있기를 바랍니다.

셋째, 간구보다는 감사하는 삶을 사십시오.

어느 날 진돗개와 똥개가 주인 이야기를 하다가 진돗개가 말했습니다. "우리 주인은 참 좋으셔. 먹을 것도 주시고, 가끔 쓰다듬어 주셔.

우리 주인은 참 좋으신 분이야. 너무나 감사해. 나는 주인이 없으면 못 살아.” 그러자 똥개는 말했습니다. “우리 주인은 내가 그렇게 좋은가 봐. 내가 멍멍 짖기만 해도 척척 다 주셔. 주인은 나 없으면 못살아.” 그러던 어느 날, 주인은 똥개가 너무 짖기만 하니까 영양탕집으로 보냈습니다. 그러나 진돗개는 여전히 주인의 사랑을 받았습니다.

어떤 사람은 하나님의 은혜에 진돗개처럼 감사합니다. 그러니까 항상 하나님의 사랑과 복을 더 받습니다. 반면에 어떤 사람은 하나님의 은혜를 받고도 자기가 당연히 받아야 되는줄 알고, 그래도 부족해서 하나님을 채무자로 여기고 매일 달라고만 합니다. 그런 모습은 하나님이 기뻐하시는 모습이 아닙니다. 하나님께서는 하나님을 채무자처럼 여기고 간구만 하기보다는 항상 채무의식을 가지고 감사하는 사람에게 더 넘치는 복과 은혜를 주실 것입니다.

넷째, 기적을 바라기 보다는 감사하는 삶을 사십시오.

우리는 일상생활에서 감사의 조건을 발견할 줄 알아야 합니다. 평범한 것에서 감사의 조건을 발견하는 신앙이 진짜 신앙입니다.

병이 들었다가 나으면 감사한 줄 알지만, 사실은 병에 들지 않는 것이 더 감사한 일입니다. 기적의 주인공이 되는 것보다 평범한 삶이 기적임을 깨닫는 사람이 지혜로운 사람이고, 그런 사람이 하나님의 사랑을 받게 될 것입니다.

이 세상에서 제일 불행한 삶은 감사가 없는 삶이고, 이 세상에서 제일 복된 삶은 범사에 감사하는 삶입니다. 오늘 말씀대로 범사에 감사하는 삶은 하나님을 가장 영화롭게 하는 삶이고, 그런 삶에 하나님은 놀라운 복을 내려주실 것입니다. 항상 감사하는 삶을 통해 하나님의 크신 복을 예비하며 사시는 분들이 되어야 하겠습니다.

/ 말씀을 생각하며 /

오늘 묵상한 말씀 요약

오늘 배운 말씀의 교훈

이번 주 나의 기도

나
가정
이웃
교회
기타

예배

아버지께 참되게 예배하는 자들은
영과 진리로 예배할 때가 오나니
곧 이 때라 아버지께서는
자기에게 이렇게 예배하는 자들을
찾으시느니라
(요 4:23)

/ 제 28 주
하나님께서 받으시는 예배

본문 : 창 4:1-5
찬송 : 255, 260장

"아벨은 자기도 양의 첫 새끼와 그 기름으로 드렸더니 여호와께서 아벨과 그의 제물은 받으셨으나 가인과 그의 제물은 받지 아니하신지라 가인이 몹시 분하여 안색이 변하니"(창 4:4,5)

하나님께서는 예배를 받으시기 위해 사람을 창조하셨고(사 43:21) 예배를 받으시기 위해 사람을 영적인 존재로 창조하셨으며(창 2:7) 예배를 받으시기 위해 타락한 인간을 예수님의 피값으로 용서하시고 자녀로 삼으셨습니다. 그러므로 성도들은 예배를 삶의 최우선 순위에 두어야 하며 예배 중심의 삶을 살아야 합니다. 하나님은 자녀들의 예배를 그렇게 원하시지만 받으시는 예배가 있는가 하면 받지 않으시는 예배도 있습니다.

첫째, 하나님께서 받지 않으시는 예배

하나님께서 가인과 그 제물은 열납하지 않으셨다는 것에 대하여 어떤 학자들은 가인이 피 제사를 드리지 않고 곡식으로 드렸기 때문이라고 주장하지만, 가인이 믿음으로 제사를 드리지 않았으므로 하나님께서 가인과 그 제물을 받지 않으신 것입니다.

히 11:4 "믿음으로 아벨은 가인보다 더 나은 제사를 하나님께 드림으로 의로운 자라 하시는 증거를 얻었으니 하나님이 그 예물에 대하여 증언하심이라 그가 죽었으나 그 믿음으로써 지금도 말하느니라"

지금으로 부터 2700여년 전 이사야 선지자 당시에 선민 이스라엘 백성들은 안식일과 절기와 월삭을 지켰고 제사를 정기적으로 드렸지만 하나님에 대한 공경함이 없이 드렸으므로 하나님께서 열납하지 않으셨습니다.

사 1:3 "소는 그 임자를 알고 나귀는 그 주인의 구유를 알건마는 이스라엘은 알지 못하고 나의 백성은 깨닫지 못하는도다"고 하나님께서 책망하셨고, 하나님께서 선민들에게 헛된 제물을 다시 가져오지 말라 분향을 가증히 여긴다(사 1:12-13)고 말씀하셨습니다.

뿐만 아니라 지금부터 2400여년 전 말라기 선지자 당시에도 선민 이스라엘 백성들은 하나님에 대한 공경함이 없이 제사를 드렸으므로 하나님께서 그 제사를 열납하지 않으셨습니다. 하나님은 헛되이 제사를 드리지 못하게 하기 위해서 누가 성전 문을 닫았으면 좋겠다고 말씀하셨으며(말 1:10), 계속 그런 제사를 드리면 제물의 똥을 얼굴에 바르며 제하여 버림을 당하리라고 책망하셨습니다(말 2:3).

둘째, 하나님께서 열납하시는 예배

하나님께서 아벨과 그 제물을 열납하셨다고 하였는데, 성경에 계시한 대로 하나님과 예수 그리스도와 성령님과 성경 내용 전체를 믿는 믿음으로 예배를 드릴 때 비로소 하나님은 기쁘게 받으십니다.

요 4:23 "아버지께 참되게 예배하는 자들은 영과 진리로 예배할 때가 오나니 곧 이 때라 아버지께서는 자기에게 이렇게 예배하는 자들을 찾으시느니라"

신령으로 예배를 드리라는 말은 성령님에게 붙들림 받아 예배순서 하나 하나에 참여하라는 말씀이며 진리로 드리라는 말은 성경말씀 중심으로 드리라는 뜻입니다. 그러므로 예배를 집례하는 자나 드리는 자는 모두 성령님에게 붙들림 받아 감동과 감화를 받아 예배 순서에 참여해야 합니다.

셋째, 하나님을 경외하는 예배

사 6:2-4 "스랍들이 모시고 섰는데 각기 여섯 날개가 있어 그 둘로는 자기의 얼굴을 가리었고 그 둘로는 자기의 발을 가리었고 그 둘로는 날며 서로 불러 이르되 거룩하다 거룩하다 거룩하다 만군의 여호와여 그의 영광이 온 땅에 충만하도다 하더라 이같이 화답하는 자의 소리로 말미암아 문지방의 터가 요동하며 성전에 연기가 충만한지라"

이사야 선지자가 환상을 보았는데 스랍천사들이 하늘보좌에서 하나님을 찬양할 때 하나님의 영광이 충만하고 하나님의 임재하심이 충만하였습니다. 스랍천사들은 하나님을 최고로 경외하는 자세로 찬양예배를 드렸습니다. 천사들이 서서 두 날개로 얼굴을 가린 것은 하나님을 경외하는 자세이며 두 날개로 발을 가린 것은 겸손을 의미합니다. 하나님은 예배를 받으시려고 사람을 영적인 존재와 하나님의 형상을 닮은 자로 창조하셨고 또 죄악 중에 있던 우리를 예수 그리스도의 피값으로 구속하여 자녀로 삼으셨습니다. 그러므로 하나님의 자녀들은 예배 중심의 삶을 살아야 하며 예배를 삶의 최우선 순위로 삼아야 합니다. 그리고 어떤 종류의 예배를 드리든지 믿음과 신령과 진리와 하나님을 경외하는 자세로 드려야 합니다. 그런 예배를 드릴 때 하나님의 임재하심과 영광을 체험할 수 있습니다.

/ 말씀을 생각하며 /

오늘 묵상한 말씀 요약

오늘 배운 말씀의 교훈

이번 주 나의 기도

나
가정
이웃
교회
기타

/ 제 29 주
하나님이 기뻐하시는 예배

본문 : 창 4:1-7, 롬 12:1-2
찬송 : 210, 465장

"그러므로 형제들아 내가 하나님의 모든 자비하심으로 너희를 권하노니 너희 몸을 하나님이 기뻐하시는 거룩한 산 제물로 드리라 이는 너희가 드릴 영적 예배니라"(롬 12:1)

우리가 사는 모든 것이 하나님의 은혜요, 하나님께서 내게 주신 복이요, 하나님의 선물이요, 하나님께서 공짜로 주신 것임을 내 마음속 깊이 깨달을 때 우리에게 진정으로 예배드릴 마음이 생기게 됩니다. 그때부터 찬송이 나오고 그때부터 감사가 나옵니다.

내게 주어진 이 모든 것이 하나님의 선물이고 은혜라는 사실을 깨닫고 믿게 될 때, 그런 사람이 하나님 앞에 나와 감사함으로 하나님이 기뻐하시는 예배를 드릴 수 있습니다.

첫째, 예배가 삶의 최우선이 되어야 합니다.

어떤 성도는 주일에 드리는 예배를 중심으로 하여 일주일 동안의 모든 계획을 세우기도 합니다. 여행 중에도 주일에는 꼭 돌아와 예배를 드리고 부득이 돌아올 수 없으면 어디에서든지 예배를 드립니다. 이렇게 예배를 중심으로 사는 성도가 있는가 하면, 예배는 드리되 그것이 생활의 첫째는 아니라는 생각으로 사는 성도가 있습니다. 그래서 누가 등산 가자고 하면 산으로 가고, 낚시하러 가자 하면 낚시터로 가고, 비가 오고 눈이 내려 갈 데가 없으면 예배드리기 위해 옵니다. 이런 성도는 하나님께 예배드리는 것을 삶의 우선순위에 두지 못하는 사람입니다.

예수 믿는 성도는 예배에 의해서만 살 수 있습니다. 예배가 없는 성도는 영적으로 죽은 성도입니다. 영적으로 행복하게 살려면 가족이 함께 예배시간마다 꼭 나와서 예배를 드려야 합니다.

요 4:23-24 "아버지께 참되게 예배하는 자들은 영과 진리로 예배할 때가 오나니 곧 이 때라 아버지께서는 자기에게 이렇게 예배하는 자들을 찾으시느니라 하나님은 영이시니 예배하는 자가 영과 진리로 예배할지니라"

둘째, 자기의 최선을 하나님께 드리는 것입니다.

구약시대의 예배는 하나님 앞에 제물을 가지고 나아가 자신을 대신하여 바치는 제사행위였습니다. 제사가 하나님과 사람이 만나는 유일한 통로입니다. 하나님께서 죄인을 만나실 때에는 제사를 통하여 만나시고, 죄인이 하나님 앞에 나아올 때 제사를 통하여 나아갑니다. 제사 드릴 때는 제물이 온전해야 합니다. 흠이 있어서는 안 되고, 부분을 드려서도 안 되고 좋은 것으로 온전하게 드려야 합니다. 또한 제물은 깨끗하고 정성이 담겨져야 합니다. 그러므로 우리가 하나님 앞에 예배드리기 위해 나올 때에는 의복도 마음도 다 깨끗해야 합니다.

구약에 보면 부유한 사람은 소를 제물로 드리고, 좀 못한 사람은 양을 드리고, 그보다 못한 사람은 양의 새끼를 드리고, 그보다 더 가난한 사람은 비둘기를 드렸습니다. 자기의 수준에 맞게 정성을 다하여 드렸습니다. 아벨의 제사처럼 믿음으로 드리는 제사가 더 나은 제사이고 하나님이 기뻐 받으시는 제사입니다.

셋째, 날마다 살아 있는 자신을 드리라는 말씀입니다.

롬 12:1 "그러므로 형제들아 내가 하나님의 모든 자비하심으로 너희를 권하노니 너희 몸을 하나님이 기뻐하시는 거룩한 산 제물로 드리라 이는 너희가 드릴 영적 예배니라"

옛날 어떤 마을에 이교도의 사원과 예배당이 서로 마주보고 있었습니다. 이교도인 팜프스와 예수를 믿는 키루스가 사원과 예배당에 가는데 팜프스는 자기가 섬기는 신에게 제물을 바칠 짐승을 가지고 가고, 예수 믿는 키루스는 아무것도 없이 빈손으로 예배당에 갑니다. 팜프스가 키루스에게 묻기를, "야, 너는 예배드리러 가면서 아무 것도 가지고 가지 않느냐? 나는 가장 좋은 것을 가지고 예배드리러 간다. 그런데 너의 손에는 왜 아무것도 없느냐?" 그러자 예수 믿는 키루스가 말하기를 "예수 믿는 사람이 하나님께 드리는 것은 다른 어떤 제물이 아니라 바로 가장 귀한 나 자신이다" 라고 했습니다.

너희 몸을 산 제물로 드리라고 한 것은 우리의 삶 전체를 늘 감사하고 늘 찬송하고 늘 새롭게 헌신하라는 말씀입니다. 예배는 하나님 앞에 죄인이 죽어지는 시간이고 예수님의 의로 말미암아 은혜 안에서 생명을 다시 찾는 시간입니다. 생명의 약속을 재확인 받는 것이 예배입니다. 그리고 하나님 앞에서 날마다 살아가는 삶이 예배입니다.

/ 말씀을 생각하며 /

오늘 묵상한 말씀 요약

오늘 배운 말씀의 교훈

이번 주 나의 기도

나	
가정	
이웃	
교회	
기타	

/ 제 30 주
향기로운 예배

본문 : 민 28:1-8
찬송 : 544, 211장

"여호와께서 모세에게 말씀하여 이르시되 이스라엘 자손에게 명령하여 그들에게 이르라 내 헌물, 내 음식인 화제물 내 향기로운 것은 너희가 그 정한 시기에 삼가 내게 바칠지니라"(민 28:1,2)

예배의 의미는 주인을 섬기는 종이 허리를 굽히고 무릎을 꿇고 엎드려 일하는 자세를 가리킵니다. 영어로는 예배를 워십 서비스(Worship Service)라고 합니다. 하나님을 섬기는 것이 곧 예배인 것입니다. 예배를 소홀히 하는 것은 섬김을 포기하는 것입니다. 그리고 하나님을 소홀히 여기는 것입니다. 그런 사람들일수록 예배 횟수가 너무 많다는 둥, 예배시간이 길다는 둥 구실을 잡아 예배를 피하려고 합니다. 하나님 믿는 사람이 하나님 섬기는 일을 싫어하거나 피하려 한다면 신앙이 성립되겠습니까? 신앙이 자라고 영적으로 건강하려면 섬기는 일을 많이 해야 합니다.

첫째, 나의 모든 것을 하나님께 드리는 것입니다.

시 50:10-12 "이는 삼림의 짐승들과 뭇 산의 가축이 다 내 것이며 산의 모든 새들도 내가 아는 것이며 들의 짐승도 내 것임이로다 내가 가령 주려도 네게 이르지 아니할 것은 세계와 거기에 충만한 것이 내 것임이로다"

믿음의 왕이었던 다윗은 "권능과 영광과 승리와 위엄이 다 주께 속하였사오니 천지에 있는 것도 다 주의 것"(대상 29:11)이라고 했습니다. 바울 사도도 "사나 죽으나 우리가 주의 것"(롬 14:8)이라고 했습니다. "너는 내것이라. 세계도 만물도 주의 것이라"는 하나님의 말씀에 이사야도 다윗도 바울도 "그렇습니다. 다 주의 것입니다." 라고 응답한 것입니다. 왜 모든 것이 주의 것입니까?

"태초에 하나님이 천지를 창조하시니라(창1:1)고 했습니다. 하나님이 창조하시고 지키시고 섭리하시기 때문에 하나님의 것입니다. 세계나 만물은 그렇다 치고 왜 내가 주의 것입니까? 그것은 주님이 나를 죄에서 구원하셨기 때문입니다. 그래서 바울은 "사나 죽으나 우리가 주의 것이라"고 고백한 것입니다.

우리의 생명도, 물질도, 시간도, 재능도 하나님이 주셨습니다. 욥처럼 우리도 "주신 이도 여호와시요 거두신 이도 여호와시오니"(욥 1:21)라고 한 말씀을 믿고 고백하며 살아야 합니다.

둘째, 나를 매일 하나님께 드려야 합니다.

2절을 보면, "너희가 그 정한 시기에 삼가 내게 바칠지니라"고 했고, 3절에서는 "매일 드리라"고 했고, 4절에서는 "아침에 드리고 해질 때 드리라"고 했습니다.

제사드리는 시간, 즉 예배드리는 시간은 내가 정하는 것이 아니라 하나님이 정하셨습니다. 그 정하신 날, 정하신 때에 예배를 드려야 합니다. 구약에서 드렸던 모든 예배는 시기도, 방법도 하나님이 제정하시고 백성들에게 규례로 주셨습니다. 예배는 내 맘대로 드리는 것이 아닙니다. 시간 나면 드리고 바쁘면 안 드려도 되는 것이 아닙니다. 예배 제쳐놓고 다른 일을 하는 것도 안 됩니다. 틈나면 예배드리고 틈나지 않으면 예배를 빠지는 것도 안 됩니다.

예배는 내맘대로 정하고 폐지하는 것이 아닙니다. 하나님이 시기도, 때도, 방법도 정하셨습니다. 그 이유는 하나님이 예배를 받으시는 분이기 때문입니다. 예배의 주체는 하나님이십니다. 다시 말하면 하나님이 예배를 받으시는 주체입니다. 내가 예배를 마음대로 바꾸고 조정할수 없는 이유가 거기에 있습니다.

셋째, 향기로운 예배를 하나님께 드려야 합니다.

출애굽기 30:22-38을 보면 향을 만드는 방법을 제시해 주셨습니다.

첫째, 최고급 향품을 사용해야 합니다. 출애굽기 30:23-24을 보면 상등 향품을 취하되 액체 몰약 500세겔, 향기로운 육계 250세겔, 향기로운 창포 250세겔, 계피 500세겔, 감람나무 기름 한 힌으로 향유를 만들라고 했습니다.

둘째, 거룩한 관유를 만들라고 했습니다. 관유란 성전에 있는 기구나 제사장의 몸에 발라 성별할 때 사용하는 향유입니다. 식용 기름이나 미용을 위한 향수가 아닙니다. 거룩한 구별을 위해 사용하는 향유를 만들라는 것입니다.

셋째, 법대로 만들라고 했습니다. 출애굽기 30:35을 보면 "향을 만들되 향 만드는 법대로 만들라"고 했고, 37절을 보면 "너희를 위해 만들지 말라"고 했고, 38절을 보면 "그런 자는 백성 중에서 끊어지리라"고 했습니다.

제물을 태워 드리는 제사를 향기롭다고 표현한 것은 곧 자신을 태우고 희생해야 향기로운 예배가 된다는 것을 의미합니다. 자기 할 일 다하고, 자기 갈 곳 다가고, 자기 쓸 것 다 쓰고 남은 찌꺼기로 예배하는 것은 향기로운 예배가 되기 어렵습니다. 자기 시간과 물질과 노력과 재능을 드리는 예배가 향기로운 예배인 것입니다.

/ 말씀을 생각하며 /

오늘 묵상한 말씀 요약

오늘 배운 말씀의 교훈

이번 주 나의 기도

나
가정
이웃
교회
기타

/ 제 31 주
하나님이 기뻐하시는 예배자

본문 : 창 35:1-7
찬송 : 458, 463장

"우리가 일어나 벧엘로 올라가자 내 환난 날에 내게 응답하시며 내가 가는 길에서 나와 함께하신 하나님께 내가 거기서 제단을 쌓으려 하노라 하매"(창 35:3)

야곱이 형 에서와 화해한 후 세겜 성에 거하는데 거기서 세겜 성 추장의 아들에게 야곱의 딸 디나가 욕을 당하게 됩니다. 그러자 야곱의 아들들은 세겜 성 사람들을 속여서 그들을 모두 몰살시켰습니다. 이제 그 지역 사람들도 복수하려고 할 것입니다. 그런 상황에서 하나님은 야곱에게 벧엘로 올라가 단을 쌓으라고 말씀하셨습니다. 벧엘은 어떤 곳입니까? 왜 하나님은 야곱에게 그리로 올라가라고 하셨습니까? 그곳은 에서를 피해 도망갈 때 하나님께서 야곱에게 나타나셨던 곳이었습니다. 그곳은 하나님의 약속과 축복, 그리고 야곱의 순수한 서원이 있던 곳이었습니다. 벧엘은 야곱에게 있어서 생각만 해도 힘이 되는 신앙의 고향과도 같은 곳입니다. 하나님이 기뻐하시는 예배자는 다음과 같습니다.

첫째, 첫사랑을 기억하는 예배자입니다.

야곱은 하란에서 돌아와서 세겜 땅에 머물면서 편안하니까 예배를 잊어버립니다. 사실 세겜 땅이 황량한 벧엘보다 훨씬 살기가 좋았습니다. 그런데 그것이 잘못입니다. 벧엘은 살기는 힘들어도 하나님을 만난 체험과 약속이 있는 땅이라는 점이 중요합니다. 그래서 하나님은 디나 사건을 통해 야곱을 벧엘로 돌아가 첫사랑을 찾게 만듭니다.

벧엘은 야곱이 낮아진 곳입니다. 벧엘에서 야곱은 아무것도 가진 것이 없었습니다. 그런데 세겜에서 야곱은 가진 것이 많았습니다. 그래서 마음까지 높아졌습니다. 그런 상황에서 '이제 되었다'고 할 때 하나님은 야곱에게 다시 벧엘로 가게 하십니다. 이것은 하나님과의 만남을 다시 새롭게 하라는 뜻이며, 하나님과 약속했던 과거의 첫 사랑의 뜨거움을 가지고 오직 하나님만 바라보고 살라는 뜻입니다. 우리도 처음 그 사랑과 열정을 회복하여 진정한 예배자가 되어야 하겠습니다.

둘째, 참 안식을 원하는 예배자입니다.

벧엘로 올라가 단을 쌓으라는 말씀은 우리에게 안식이 필요하다는 말씀입니다. 우리는 쉬는 시간을 낭비라고 생각하지 말아야 합니다. 자녀들에게도 '공부하라'는 말만 하지 말고 쉬는 시간을 가지도록 배려해야 합니다. 오래 책상에 앉아 있다고 결코 좋은 것이 아닙니다. 쉴 때는 쉬는 것이 좋습니다. 자녀들이 쉬면 뒤쳐질 것 같지만, 잘 쉬게 하면 훨씬 능률이 오르게 됩니다.

쉬는 것과 안식하는 것의 차이가 있다면, 안식은 하나님 품에서 쉬는 것을 말합니다. 우리가 살면서 쉬는 것도 유익하지만 하나님 품에서 쉬는 것은 최고의 복입니다. 왜냐하면 사람은 하나님 품으로 돌아올 때 진정한 안식을 얻을 수 있기 때문입니다.

마 11:28 "수고하고 무거운 짐 진 자들아 다 내게로 오라 내가 너희를 쉬게 하리라"

쉬는 삶에서 하나님을 예배하는 삶이 빠지면 그것은 참된 안식이 아닙니다. 특히 위기에 빠졌을 때는 다시 일어나 하나님의 집에 올라가 예배를 드려야 합니다.

인디언들이 앞으로 달릴 때 가끔 서서 뒤를 돌아보고 무엇인가를 기다린다고 합니다. 무엇을 기다릴까요? 자기를 아직 쫓아오지 못한 자기의 영혼을 기다린다고 합니다. 일할 때에는 열심히 일하고, 쉴 때 쉬면 그 쉬는 시간에 하나님께서 지켜주시고 정신도 맑아지게 될 것입니다. 때로는 인디언들처럼 우리도 가끔 정신을 차리고 하나님을 바라보고, 말씀의 의미를 되새기고, 우리의 삶을 가다듬어야 할 것입니다.

셋째, 영적 예배를 회복하는 예배자입니다.

어려움을 당하면 생활을 바꾸고, 습관을 바꾸고, 태도를 바꾸려고 노력해야 합니다. 사람을 망하게 하는 것은 사실 큰 실패가 아니라 작은 나쁜 습관입니다. 작은 것이라고 해도 나의 장래를 보장하지 못하는 것들이라면 과감히 버려야 합니다. 개혁과 갱신은 쉽지 않습니다. 그렇지만 개혁하고 갱신하면 삶은 분명히 달라집니다.

야곱이 결단하니까 가족과 식솔들은 자기들의 이방 신상들을 야곱에게 주었고, 야곱은 그 모든 이방적인 것들을 세겜 근처 상수리나무 아래에 묻고 벧엘로 떠납니다. 그렇게 결심하고 떠나니까 하나님은 야곱 일행을 추격하는 자가 없게 하셨습니다.

잠 16:7 "사람의 행위가 여호와를 기쁘시게 하면 그 사람의 원수라도 그와 더불어 화목하게 하시느니라"

예배의 회복은 영혼과 육신의 건강 회복의 기초이고, 복받는 비결이 됩니다. 예배가 회복되면 우리의 삶의 모든 얽히고 병든 부분도 같이 회복될 것입니다.

/ 말씀을 생각하며 /

오늘 묵상한 말씀 요약

오늘 배운 말씀의 교훈

이번 주 나의 기도

나
가정
이웃
교회
기타

/ 제 32 주
예배자의 바른 자세 - 1

본문 : 요 4:21-23
찬송 : 9, 10장

"너희는 알지 못하는 것을 예배하고 우리는 아는 것을 예배하노니 이
는 구원이 유대인에게서 남이라"(요 4:22)

예배는 형식이 아니라 삶 그 자체입니다. 우리의 몸으로 드리는 예
배만이 진정한 예배입니다. 현실과 연결되지 않는 예배, 생활과 동떨
어진 예배는 진정한 예배가 아닙니다. 비록 한 시간의 공중예배를 통
하여 하나님의 임재를 느끼고 그분께 존귀와 영광과 경배를 드렸다 할
지라도 실제 나의 변화된 삶이 없다면 그것은 허공을 치는 것과 다름
이 없을 것입니다. 살아 있는 예배는 나의 삶뿐만 아니라 우리 사회와
세상을 변화시키는 능력이 있습니다.

첫째, 하나님이 찾으시는 예배자

하나님의 속성이 영이심을 알지 못하면 하나님께 올바른 예배를 드
릴 수 없습니다. 특히 손으로 만들어 놓은 가시적인 물체를 놓고 우상
숭배하는 것은 결코 하나님을 기쁘시게 해 드릴 수 없습니다.
하나님의 구원 역사는 참된 예배자를 찾으시는 역사입니다. 하나님
께서는 죄인들을 불러 구속하시고, 그들을 복되게 하실 뿐 아니라 그
들을 통해 참된 예배를 받고자 하셨습니다. 구속함을 받은 무리들이
드리는 참된 예배를 하나님은 기뻐 받으시려 하신 것입니다.

그렇지만 인간들이 보여준 예배의 모습은 언제나 하나님의 마음에 실망을 안겨주곤 하였습니다. 가인의 때에도 하나님은 참 예배를 받고자 하셨지만 예배의 형식만 있었을 뿐 가인의 예배는 하나님이 받으실 만한 선한 예배가 아니었습니다. 그의 제사는 인간적인 생각과 미움과 분노가 앞선 실패한 예배였습니다.

우리가 드려야 할 참된 예배는 "하나님은 영"이심을 알고, 영이신 하나님께 예배를 드려야 한다는 점입니다. 우리가 하나님이 찾으시는 참된 예배자가 되어야 하겠습니다.

둘째, 신령으로 드리는 예배

"신령과 진정"이란 말은 신령한 진정함, 진정어린 신령함이라고도 할 수 있습니다. 신령이란 하나님의 영인 성령을 가리키는 말이 아니라, 우리들의 영을 말합니다. 우리가 드리는 모든 예배는 성령님의 감화와 감동으로 이루어져야 합니다. 성령의 강한 힘에 사로잡혀 신령한 예배를 드려야 합니다.

우리의 예배가 참된 예배가 되기 위해서는 우리의 영으로 예배를 드려야 합니다. 하나님께서는 사람을 지으시되 영과 육이 함께 조화를 이루어 온전한 인간이 되게 하셨습니다. 그런데 그리스도인이라고 할지라도 육신적인 열심만으로 주를 섬기는 이들이 있고, 영적으로 깨어 주님을 위해 기쁨으로 헌신하는 이들도 있습니다. 찬양과 기도와 헌신도 육신적인 열심으로 드리는 것이 있는가 하면, 깨어 있는 영으로 드리는 것이 있다는 말씀입니다.

하나님이 기뻐 받으시는 예배는 우리의 영혼으로 드리는 예배입니다. 왜냐하면 하나님은 영이시기 때문입니다. 우리들이 드리는 예배에 인간적인 생각이 앞서서 내 마음과 내 영혼이 하나님을 향해 열려 있지 못한다면 큰일입니다.

셋째, 진정으로 드리는 예배

'진정'이란 거짓과 위선이 아니라 진실과 신실함을 의미하고 참마음을 의미합니다. 우리의 모든 예배는 진리이신 예수 그리스도 안에서 주님을 의지하여 예수님 중심으로 드려져야 합니다. 길이요 진리요 생명이 되신 예수님을 통하지 않고는 어느 누구도 하나님께 나아갈 수 없기 때문입니다(요 14:6). 진정이란 말이 진실함과 신실함이라고 할 때 그것은 우리의 예배가 참마음으로 드리는 거짓 없는 예배이어야 함을 의미합니다.

하나님은 영이시니 우리가 드리는 예배에 위선이 있어선 아니 됩니다. 조금도 하나님을 속이는 일이 있어서는 안 됩니다. 내 모습 이대로 나의 추하고 더러운 모습 이대로 주님 앞에 나아가 진정으로 나를 드리는 예배자가 되어야 합니다.

초대교회에 아나니아와 삽비라 부부가 하나님께 드린 예배는 진리의 영이신 하나님을 속인 거짓 예배였습니다. 그것은 속일 수 없는 하나님, 영이신 하나님을 속이려 한 예배였습니다. 신령과 진정으로 드리는 예배는 참마음으로 하나님께 나아가는 예배입니다. 신령과 진정으로 드리는 예배는 신실함으로 주를 만나는 예배입니다.

/ 말씀을 생각하며 /

오늘 묵상한 말씀 요약

| |
| |

오늘 배운 말씀의 교훈

| |
| |

이번 주 나의 기도

나
가정
이웃
교회
기타

예배자의 바른 자세 - 2

본문 : 히 10:19-22
찬송 : 263, 267장

"우리가 마음에 뿌림을 받아 악한 양심으로부터 벗어나고 몸은 맑은 물로 씻음을 받았으니 참 마음과 온전한 믿음으로 하나님께 나아가자"(히 10:22)

예배는 하나님께로 나아가는 시간입니다. 예배는 하나님과의 약속 시간입니다. 그리고 예배는 하나님을 만나고, 우리의 모든 것을 하나님께 드리는 시간입니다.

인간관계에서도 약속은 매우 중요합니다. 그리고 약속한 사람을 만나기 위해서는 그 약속에 합당한 마음의 준비를 합니다. 우리는 하나님을 만나기 위해서 어떻게 해야 할까요? 우리는 예배가 얼마나 중요한지 항상 인식하고 있어야 합니다. 그리고 그렇게 예배를 중시하는 것을 우리의 태도에서 보여줄 수 있어야 합니다. 그런 모습을 보여주려면 어떤 태도가 필요합니까? 몇 가지만 살펴볼까요?

첫째, 시간을 잘 지켜야 합니다.

단 6:10 "다니엘이 이 조서에 왕의 도장이 찍힌 것을 알고도 자기 집에 돌아가서는 윗방에 올라가 예루살렘으로 향한 창문을 열고 전에 하던 대로 하루 세 번씩 무릎을 꿇고 기도하며 그의 하나님께 감사하였더라"

시간을 잘 지키는 것은 인격과 인격이 관계를 맺는 데에 있어 가장 기초적인 것입니다. 상대방이 중요한 사람이라고 여기면 반드시 시간 전에 나와 먼저 맞이할 것입니다. 그러나 상대방이 그저 그런 사람이라고 여기면 시간에 별로 신경을 쓰지 않을 것입니다. 그것은 상대방을 의식적으로 무시한 것은 아니지만 무의식적으로 무시한 것과 같습니다. 예배시간도 마찬가지입니다.

예배가 시작되기 전에 교회에 와서 예배를 위해 기도하고 마음의 준비를 하면 하나님이 정말 소중한 분이시고, 예배가 정말 중요하다고 여기는 모습이 아니겠습니까? 여기 계신 모든 분들은 이제부터 예배시간을 잘 지키려고 더욱 애쓰기를 바랍니다. 나의 시간과 나의 인격이 얼마나 소중합니까? 그렇다면 우리는 다른 분의 시간과 인격도 소중히 여기려는 마음을 가져야 합니다. 그것이 바로 예배하는 마음입니다.

둘째, 정성스럽게 예배드려야 합니다.

어떤 분은 헌금할 때 꼭 새 돈으로 합니다. 그 새 돈을 보면 정성이 느껴집니다. 꼭 그렇게 해야 믿음이 좋은 것이라고 할 수는 없지만 그 정성이 소중한 것입니다.

복장도 가장 좋은 옷을 입고 교회에 오면 그 모습 속에서도 정성이 느껴집니다. 하나님이 우리에게 원하시는 것은 능력이 아니라 바로 정성입니다.

예수님은 벳세다 광야에서 어린아이가 드린 떡 다섯 개로 오천 명을 먹이셨습니다. 그렇기 때문에 가진 것이 적어도 낙심하지 말아야 합니다. 중요한 것은 정성입니다. 우리가 비록 적은 능력을 가지고 있다 해도 그것은 하나님께서 주신 것입니다. 그 주신 능력 안에서 정성껏 하나님을 섬기면 하나님은 그 정성을 받으실 것입니다.

고후 9:7 "각각 그 마음에 정한 대로 할 것이요 인색함으로나 억지로 하지 말지니 하나님은 즐겨 내는 자를 사랑하시느니라"

셋째, 예배의 주인공이 되어야 합니다.

눅 24:50-53 "예수께서 그들을 데리고 베다니 앞까지 나가사 손을 들어 그들에게 축복하시더니 축복하실 때에 그들을 떠나 하늘로 올려지시니 그들이 그에게 경배하고 큰 기쁨으로 예루살렘에 돌아가 늘 성전에서 하나님을 찬송하니라"

말라기서를 보면 이스라엘 백성들의 불평이 많이 나옵니다. 그들의 불평은 대체로 "하나님이 정의로우시면 왜 우리가 이렇게 어렵습니까?" 라고 하는 것입니다. 그들의 불평에 대해서 하나님은 "너희가 어렵다고 불평하지만, 정말 정성을 다해 예배 드렸느냐?"고 반문하셨습니다.

우리가 정성을 다해 예배를 드리면 하나님께서 영광을 받으시고 복 주실 것입니다. 우리는 하나님을 예배하고 섬길 때 마음과 정성을 다해 예배하고 섬겨야 합니다.

무슨 일을 하든지 흉내만 내기보다 마음을 다하여 해야 참 아름답게 보입니다. 억지로 일하는 모습을 보아도 민망한데, 억지로 예배하는 모습을 보면 얼마나 민망합니까?

우리는 모든 예배에서 내가 주인공처럼 최선을 다해 예배에 참여해야 합니다. 어느 곳에서든지 인정받으려면 주인의식이 필요하듯이 예배에서도 마찬가지입니다. 설교, 기도, 찬양을 드릴 때 구경꾼이 아니라 함께 드리는 자세가 되어야 하겠습니다.

/ 말씀을 생각하며 /

오늘 묵상한 말씀 요약

오늘 배운 말씀의 교훈

이번 주 나의 기도

나
가정
이웃
교회
기타

/ 제 34 주
예배자의 바른 자세 - 3

본문 : 말 1:6-14
찬송 : 420, 423장

"만군의 여호와가 이르노라 너희가 눈 먼 희생제물을 바치는 것이 어찌 악하지 아니하며 저는 것, 병든 것을 드리는 것이 어찌 악하지 아니하냐 이제 그것을 너희 총독에게 드려 보라 그가 너를 기뻐하겠으며 너를 받아 주겠느냐"(말 1:8)

이스라엘 민족은 포로생활에서 해방되어 돌아온 후에 하나님께서 자기 민족을 번영시킬 것을 기대하며 성전을 새로 지었지만, 그들에게 약속된 영광스러운 하나님 나라가 이루어지지 않자 그들은 하나님께 대한 경외심과 복종하는 마음을 버리게 되었고, 제사 역시 진정한 마음이 없이 형식적으로 드리게 되었습니다. 또한 하나님께 드리는 제사에 부정한 제물인 더러운 떡, 눈먼 짐승, 절뚝거리고 병든 짐승을 사용했습니다. 이러한 이스라엘 민족의 거짓 제사를 보시며 하나님은 차라리 제사를 드리지 않는 것이 낫다고 진노하셨습니다. 그러면 참된 예배의 자세는 어떠해야 하는지 생각해 보도록 하겠습니다.

첫째, 하나님을 경외하는 마음 자세를 가져야 합니다.

예배에 임할 때 가장 우선되어야 할 예배자의 자세는 하나님을 경외하는 마음입니다. 경외하는 마음을 가진 자만이 하나님을 경험할 수 있기 때문입니다. 우리는 한 나라의 대통령을 만나기 위해서도 몸가짐을 정리하며 최선을 다해 준비합니다. 그런데 만물의 주인이시고 만왕의 왕이신 하나님께 예배하려는 자가 하나님을 경외하는 마음이 없다면 그 사람은 진정한 예배를 드리기 원하는 참 신앙인이라 할 수 없을 것입니다.

우리들은 예배에 임하기 전에 엄숙한 분위기를 갖추고, 우리의 마음 자세를 가다듬어야 합니다. 육체적인 감각만이 아니라 우리의 마음과 영혼이 거룩한 산 제사로 드려지기 위해서 마음을 가다듬어야 합니다. 우리의 예배 가운데 임하시고 우리의 예배를 받으시는 하나님을 깨닫고 경외하는 자세로 예배해야 합니다. 우리는 예배 속에 우리를 구원하신 구원의 주가 되시며 창조주이신 하나님앞에 두려움과 떨리는 마음으로 나아가야 합니다.

둘째, 하나님께 진정으로 찬양드리는 자세를 가져야 합니다.

찬양이란 피조물인 인간이 창조주이신 하나님께 드리는 가장 귀하고 아름다운 예물과 같은 것입니다. 만일 하나님께 대한 찬양이 없다면 그 예배는 참된 것이라 할 수 없을 것입니다. 이사야 선지자는 하나님께서 인간을 지으신 목적이 바로 인간으로 하여금 하나님을 찬양하도록 하기 위한 것이라고 말합니다.

사 43:21 "이 백성은 내가 나를 위하여 지었나니 나를 찬송하게 하려 함이니라"

찬양이 없는 예배는 마치 이스라엘이 부정한 제물로 드리는 제사와 같이 헛된 것입니다. 찬양은 하나님을 향한 진실한 우리의 감정과 영, 그 모든 것을 담아 드리는 가장 아름다운 표현입니다. 성경말씀은 하나님을 경배하기 위해 목소리로 찬양하며(시 145:21), 춤추며(시 150:4), 손을 들고 찬양하며(시 63:4), 엎드려 찬양하라(대하 20:18)

고 하였습니다. 하나님을 향한 경외함과 진실한 마음을 찬양에 담아서 드리는 예배를 하나님은 진정으로 기쁘게 받으십니다.

셋째, 하나님께 대한 순종의 자세를 가져야 합니다.

예배자에게 요구되는 중요한 자세는 예배를 통해 하나님께 대한 순종의 마음을 더욱 굳게 해야 하는 것입니다. 우리는 일상의 생활 속에서 하나님의 말씀에 전적으로 순종하기보다는 자신이 좋아하는 것만을 따르는 경우가 많습니다. 이것은 하나님이 우리를 선한 길로 인도하신다는 것에 대하여 전적으로 신뢰하지 않기 때문입니다.

우리는 아브라함과 이삭의 예배에서 순종의 정신을 배울 수 있습니다. 아브라함은 외아들 이삭을 번제로 바치라는 하나님의 명령을 받고 순종했습니다. 아브라함에게 있어서 아들을 죽여 번제를 드리는 것은 자신의 전부를 드리는 것과 같았습니다. 그의 순종을 통해 아브라함은 하나님에 대한 믿음을 입증했으며, 그 결과 하나님의 더 크신 은혜를 입게 되었습니다. 이처럼 예배를 통하여 하나님께 대한 순종의 자세를 배우는 것이 바로 진정한 예배라고 할 수 있을 것입니다.

롬 12:1 "그러므로 형제들아 내가 하나님의 모든 자비하심으로 너희를 권하노니 너희 몸을 하나님이 기뻐하시는 거룩한 산 제물로 드리라 이는 너희가 드릴 영적 예배니라"

참 예배는 아름다운 장소나 아름다운 환경이 만드는 것이 아닙니다. 우리의 영적 감각을 깨워서 하나님을 경외하는 마음을 새롭게 하며, 그 새로운 마음으로 하나님께 찬양과 경배를 드려야 합니다. 또 예배를 통하여 하나님께 대한 순종의 자세를 배워서 하나님께 참으로 진정한 예배를 드려야 하겠습니다.

/ 말씀을 생각하며 /

오늘 묵상한 말씀 요약

오늘 배운 말씀의 교훈

이번 주 나의 기도

나
가정
이웃
교회
기타

절제

이기기를 다투는 자마다
모든 일에 절제하나니
그들은 썩을 승리자의 관을 얻고자 하되
우리는 썩지 아니할 것을 얻고자 하노라
(고전 9:25)

/ 제 35 주
절제란 무엇인가?

본문 : 고전 9:24-27
찬송 : 149, 353장

"이기기를 다투는 자마다 모든 일에 절제하나니 그들은 썩을 승리자의 관을 얻고자 하되 우리는 썩지 아니할 것을 얻고자 하노라"(고전 9:25)

루소는 "절제와 노동은 가장 훌륭한 두 의사들이다. 노동은 식욕을 돋구고, 절제는 지나친 탐닉을 막는다"라고 했고, 에드워드는 "절제와 육신과의 관계는 종교와 영혼과의 관계와 같다. 또한 절제는 건강과 힘과 평안의 기초요 근원이다"라고 했으며, 중국 격언에 "절제는 최선의 양약이다", "진정한 행복은 절제에서 솟아난다"라고 했습니다. 이처럼 동서고금을 막론하고 사람들은 절제를 강조했고 절제생활에 힘썼습니다.

기독교는 금욕주의는 아니지만 극기와 절제는 신앙생활에 꼭 필요합니다. 우리가 아무리 방언도 하고 예언도 하고 갖가지 은사를 다 받았다 하더라도 만약에 절제가 없다고 하면 그는 언젠가는 쓰러지고 실패하고야 마는 것입니다. 그러면 절제란 무엇입니까?

첫째, 절제는 참고 억제하는 것입니다.

사도 바울이 살던 당시 고린도에는 2년마다 지금의 올림픽 게임과 같은 경기가 있었다고 합니다. 그 때가 되면 전 그리스(Greece)를 열광케 했다고 합니다. 그런데 특이한 것은 그 경기에 참가하는 선수들은 적어도 10개월 이상을 극기하고 절제하면서 연습과 훈련을 한 다음에 참가했다는 것입니다. 바울은 이것을 연상하면서 세상의 썩을 면류관을 얻기 위해서도 이토록 극기하고 절제를 하는데, 하물며 영적인 싸움, 신앙의 승리를 거두고 하나님 앞에서 상을 얻으려면 어찌 절제 없이 될 수 있겠느냐고 강조하신 말씀인 것입니다.

나의 육신의 모든 본능과 감정대로 하는 것이 아니라 참고, 억제하는 것입니다. 절제하지 못하는 사람은 마치 자동차 브레이크가 고장난 것과 마찬가지입니다. 아무리 좋은 자동차라도 브레이크가 고장났다면 자신도 죽고 남도 죽이게 되는 것입니다. 이와 같이 절제 없는 신앙생활은 자신과 다른 이에게 영향을 주게 됩니다.

둘째, 절제는 구별하는 것입니다.

십계명 중에 열 번째 계명은 "네 이웃의 집이나, 네 이웃의 아내나, 네 이웃에 있는 것을 무엇이든지 탐내지 말라"고 했습니다.

하나님은 아담과 하와에게 에덴동산의 과일을 다 먹지 말라고 하지 않으셨습니다. 단지 중앙에 있는 선악과만을 먹지 말라고 엄히 명령했습니다. 그러나 그들은 그 명령을 어기고 따먹고야 말았습니다. 다시 말해서 말씀을 깨닫지 못하고 절제하지 못했던 것입니다.

성도들은 먹을 것과 먹지 않을 것, 할 말과 안할 말, 할 일과 안할 일을 분명하게 구별해야 하고, 그러기 위해서 절제가 필요한 것입니다.

셋째, 절제는 적당히 하는 것입니다.

무조건 본능과 욕망을 꺾어버리는 것이 아니라 모든 것을 적당히 하고 분수에 맞도록 도에 지나치지 않게 하는 것입니다. 우리가 분수에 지나치고 도를 넘으면 죄가 안될 것이 죄가 되는 경우가 많습니다. 우리는 흔히 '오십보 백보 차이'란 말과, '종이 한 장 차이'란 말을 많이 합니다. 이 말은 좋게 사용되는 말이기도 하겠지만 또 한편 대단히 위험한 말이기도 한 것입니다.

미국에 나이아가라 폭포가 있는데 그 폭포의 높이는 약 158피트나 된다고 합니다. 어느 추운 겨울날 독수리 한 마리가 폭포 위의 저 멀리서 떠내려 오는 죽은 양(羊) 한 마리를 발견하고는 그 양 위에 올라타고 떠내려 오면서 맛있게 뜯어 먹고 있었다고 합니다. 그런데 폭포에 가까이 와서도 계속 뜯어 먹다가 급류에 휩쓸리게 되자 그때서야 날아가려고 했지만, 그 긴 발톱이 양의 살에 들어가 박힌데다가 얼어붙기까지 해서 그만 그 폭포에 휩쓸려 떨어져 죽고 말았다는 이야기가 있습니다.

특별히 우리가 살고 있는 이 말세에는 쾌락을 하나님보다 더 사랑하는 시대입니다. 한 마디로 무절제한 시대가 되었습니다. 이럴 때일수록 우리는 더욱 더 믿음의 생활과 절제의 은혜를 받아서 경건한 생활을 해야 할 것입니다.

벧후 1:5-7 "그러므로 너희가 더욱 힘써 너희 믿음에 덕을, 덕에 지식을, 지식에 절제를, 절제에 인내를, 인내에 경건을, 경건에 형제 우애를, 형제 우애에 사랑을 더하라"

/ 말씀을 생각하며 /

오늘 묵상한 말씀 요약

오늘 배운 말씀의 교훈

이번 주 나의 기도

나
가정
이웃
교회
기타

/ 제 36 주
절제해야 할 것은? - 1

본문 : 엡 4:25-32
찬송 : 289, 454장

"그런즉 거짓을 버리고 각각 그 이웃과 더불어 참된 것을 말하라 이는 우리가 서로 지체가 됨이라 분을 내어도 죄를 짓지 말며 해가 지도록 분을 품지 말고 마귀에게 틈을 주지 말라"(엡 4:25-27)

우리는 아무리 하고 싶은 일일지라도 불의한 것이라면 단호하게 절제할 줄 알아야 합니다. 또한 아무리 하기 싫은 일일지라도 하나님의 뜻이라면 감당할 수 있는 용기를 낼 수 있어야 합니다. "자기의 마음을 제어하지 아니하는 자는 성읍이 무너지고 성벽이 없는 것과 같으니라"(잠 25:28). 그리고 절제하는 생활은 우리의 삶을 승리하게 합니다. "이기기를 다투는 자마다 모든 일에 절제하나니 그들은 썩을 승리자의 관을 얻고자 하되 우리는 썩지 아니할 것을 얻고자 하노라"(고전 9:25). 인생의 승리는 자기를 절제할 수 있는 사람에게 주어집니다.

첫째, 말을 절제해야 합니다.

예수 믿는 사람들이 가장 먼저 해야 되는 절제의 생활은 말조심 하는 것입니다. 바울 사도가 에베소 교인들에게 보낸 편지에 "너희가 거짓말하지 말라"고 권면하고 있습니다. 거짓말을 버리고 이제부터는 진실을 말하고, 참된 것을 말해야 하는 이유는 우리가 한 지체 즉 한 몸이기 때문입니다.

약 1:26 "누구든지 스스로 경건하다 생각하며 자기 혀를 재갈 물리지 아니하고 자기 마음을 속이면 이 사람의 경건은 헛것이라"

약 3:2 "우리가 다 실수가 많으니 만일 말에 실수가 없는 자라면 곧 온전한 사람이라 능히 온 몸도 굴레 씌우리라"

사실 우리는 말에 실수가 많습니다. 말을 많이 하다가 보면 자기도 모르게 하지 않아도 되고, 해서는 안 될 말이 있는데도 절제하지 못하고 함부로 하다가 실수를 하고 죄를 범하게도 되는 것입니다. 그래서 말(馬)의 입에 재갈을 물려야 주인의 마음대로 이끄는 것같이, 우리의 혀에도 재갈을 물려야 한다는 말씀인 것입니다.

둘째, 마음을 절제해야 합니다.

"분을 내어도"라는 말씀을 보면 예수 믿으면서도 분을 내는 일이 종종 있는 것 같습니다. 아무리 금슬 좋은 부부 사이에도 이따금 분을 내는 일이 있고, 부모 자식 간에도 분을 내는 일이 있고, 성도들 간에도 분을 내는 일이 있습니다. 그러나 분을 내어도 죄까지는 짓지 말라고 했습니다. 분을 내고 그 분풀이를 다 하게 되면 죄를 짓게 됩니다. 그러니 분을 내되 죄까지는 짓지 말라는 것입니다.

잠 14:30 "평온한 마음은 육신의 생명이나 시기는 뼈를 썩게 하느니라"

잠 16:32 "노하기를 더디하는 자는 용사보다 낫고 자기의 마음을 다스리는 자는 성을 빼앗는 자보다 나으니라"

그리고 "해가 지도록 분을 품지 말라"는 말씀은 우리나라는 한밤중이 되면 날이 바뀌는데, 이스라엘은 해가 질 때 새 날이 되므로 오늘 분이 나면 오늘로 삭여 버리고 내일까지 분을 끌고 가지 말라는 뜻입니다. 믿는 사람들이 누군가 미워서 다음날까지 분을 품고 있으면 성령이 근심한다는 것이 본문의 가르침입니다. 그러므로 그 분을 빨리 떨쳐버릴수록 성령이 기뻐하는 생활이 됩니다. 이것이 마음의 절제입니다.

셋째, 믿음을 절제해야 합니다.

도적은 틈이 있기만 하면 들어옵니다. 그래서 문단속을 잘해야 합니다. 도적이 들어오면 남겨 놓지를 않습니다. 그저 손에 잡히는 것은 다 가져갑니다. 하여튼 도적은 들어 왔다 하면 손해나는 것입니다. 우리 믿음의 도적은 마귀입니다. 마귀는 틈을 타고 들어옵니다. 약한데로 꼭 뚫고 들어옵니다.

사람이 돈을 너무 좋아해서 돈이라면 자기 믿음도, 또 자기 양심도 팔아먹을 사람이 있다면 그런 사람에게는 돈줄을 타고 꼭 마귀의 유혹이 들어옵니다. 여자에게 약한 사람이 있습니다. 그런 사람은 마귀의 유혹이 여자를 통해서 들어옵니다.

어떤 사람은 명예심이 강하여 명예라면 오금을 못쓸 정도입니다. 이런 사람은 바로 명예심이 약점입니다. 마귀는 이런 약점을 타고 들어와서 믿음을 모두 도둑질해 갑니다. 병마는 약할 때 약한 틈을 타고 들어옵니다. 그래서 체온이란 것은 올라가도 안 되고 내려가도 병이 되는 것 아닙니까? 혈압이 올라가도 병이요 내려가도 병입니다. 혈압이 한결 같아야 되고 체온도 한결 같아야 됩니다.

우리의 믿음이 한결같이 빈틈이 없어야 마귀가 틈을 타지 못합니다. 우리가 빈틈 없이 든든히 하고 한결같은 믿음 생활을 할 때에 성령이 기뻐하십니다. 이것이 믿음의 절제 생활입니다.

/ 말씀을 생각하며 /

오늘 묵상한 말씀 요약

| |
| |

오늘 배운 말씀의 교훈

| |
| |

이번 주 나의 기도

나
가정
이웃
교회
기타

절제해야 할 것은? - 2

본문 : 딤전 3:2-5
찬송 : 218, 353장

"그러므로 감독은 책망할 것이 없으며 한 아내의 남편이 되며 절제하며 신중하며 단정하며 나그네를 대접하며 가르치기를 잘하며"(딤전 3:2)

　구세군 창설자 윌리엄 부스는 어려운 곳만을 찾아다닌 사람입니다. 그는 교회로부터 일체의 생활비를 받지 않았습니다. 그저 저작물에 의한 수입에만 의존했습니다. 여윳돈은 모두 가난한 이웃들에게 나누어 주었고 진수성찬을 대해도 토스트 두 조각, 뜨거운 홍차, 계란과 과일을 조금 먹을 뿐이었습니다. 그런 그를 보고 주위 사람들은 '검소함으로 천국에 이를 사람'이라고 평가할 정도였습니다. 부스가 사람들의 존경을 받았던 것은 그가 어려운 이웃을 돕는 선행을 베풀었기 때문만은 아닙니다. 몸소 검소함을 실천에 옮겼기 때문입니다. 절제의 미덕은 항상 흐트러진 풍요로움을 압도하는 법입니다.

　돈을 낭비하면 가난뱅이가 되고, 건강을 낭비하면 병자가 되고, 시간을 낭비하면 패자가 되고, 정력을 낭비하면 쓸모없는 사람이 됩니다. 절제하지 않을 때 사치와 방탕과 탐욕 등 여러 가지 형태의 악이 생깁니다. 그러므로 우리는 절제하지 않으면 안 됩니다.

첫째, 물질적 욕심에 절제력이 있어야 합니다.

　화창한 어느 가을날, 한 농부가 토실토실하게 여문 옥수수를 엮어

나뭇가지에 매달았습니다. 한 다람쥐가 그 광경을 숨어서 지켜보았습니다. 그리고는 날마다 농부의 눈을 피해 옥수수가 매달려 있는 나뭇가지에 올라가 배가 터지도록 옥수수를 먹어댔습니다. 며칠 후 농부는 나무 밑에 떨어져 죽어 있는 다람쥐를 발견했습니다. 너무 먹어 둔해진 몸을 이끌고 내려오다 발을 헛디뎠던 것입니다.

우리들도 이 다람쥐처럼 절제를 하지 못해 실패하는 경우가 종종 있습니다. 특히 우리 몸에나 정신에나 어떤 면에도 하나의 유익도 없는 술과 담배 같은 것, 더욱이 우리 신앙인의 양심으로 금해야 마땅한 것임에도 불구하고 절제하지 못하는 사람이 있습니다.

잠 23:21 "술 취하고 음식을 탐하는 자는 가난하여질 것이요 잠 자기를 즐겨 하는 자는 해어진 옷을 입을 것임이니라"

잠 23:29-30 "재앙이 뉘게 있느뇨 근심이 뉘게 있느뇨 분쟁이 뉘게 있느뇨 원망이 뉘게 있느뇨 까닭 없는 상처가 뉘게 있느뇨 붉은 눈이 뉘게 있느뇨 술에 잠긴 자에게 있고 혼합한 술을 구하러 다니는 자에게 있느니라"

물질은 삶의 도구이지 삶의 목표가 아닙니다. 물질에 대하여 절제하지 못함으로 인해서 물질의 노예가 된 사람들이 얼마나 많습니까? 예수 그리스도를 믿는 사람은 물질에 대해 절제할 줄 알아야 합니다.

둘째, 육신의 정욕을 절제할 줄 알아야 합니다.

요즘 우리 사회는 원조교제, 부부 스와핑 하는 잘못된 이성관계로 패가망신하는 경우와 가정 파탄이 많이 일어나고 있습니다.

고전 7:9 "만일 절제할 수 없거든 결혼하라 정욕이 불같이 타는 것보다 결혼하는 것이 나으니라"

부부관계에서 정당하게 본능을 만족시키는 것은 죄가 아닙니다. 그러나 절제해야 할 때는 절제를 해야 되는 것입니다. 삼손이나 다윗왕의 범죄도 정욕을 절제하지 못한 결과입니다.

우리가 잘 아는 어거스틴도 회개를 한 다음부터는 정욕이 일어날 때마다 그는 자기의 팔을 물어뜯어 가면서 참고 이겨 냈다고 합니다. 초대교회 지도자들 중에도 육신의 정욕을 제어하려고 추운 겨울날에도 맨 마루 바닥에 누워 자고, 가시덩굴에 뒹굴면서 자신의 몸에 피가 나도록 몸을 괴롭히면서까지 참고 절제하면서 신앙생활을 했다고 합니다. 우리들도 정욕을 다스리면서 깨끗한 삶을 살아야 하겠습니다.

셋째, 세상 허영에 대한 절제가 있어야 합니다.

우리는 매우 힘든 세상을 살고 있습니다. 지금이야말로 과소비를 버리고 새롭게 태어날 때입니다. 현대사회에서 소비를 하지 않고 살 수는 없지만, 과소비는 생활을 망치는 독소입니다.

고대 그리스의 철학자 제논은 허영이 가득하고 돈을 마구 쓰는 제자가 있다는 말을 듣고 그를 불러 사실여부를 물었습니다. 그런데 그 제자는 조금도 부끄러워하지 않고 "그만한 돈이 있어서 쓰는데 무엇이 잘못되었다는 말입니까?" 라며 건방진 태도를 취했습니다. 그러자 제논은 엄한 목소리로 "그러면 소금이 많이 있다고 요리하는 사람이 음식에 소금을 마구 집어넣어도 된다는 말인가?" 라고 야단쳤다고 합니다.

신앙인들에게 주어진 하나의 중요한 의무는 목적과 책임이 있는 생활입니다. 우리는 인생을 책임있게 살아야 합니다. 자기만 좋다고 자기만을 위해서 살면 안 됩니다. 하나님의 선한 청지기로서 하나님의 영광을 위해 항상 성실하고 진실한 자세를 가지고 살기를 힘써야 하겠습니다.

/ 말씀을 생각하며 /

오늘 묵상한 말씀 요약

오늘 배운 말씀의 교훈

이번 주 나의 기도

나
가정
이웃
교회
기타

어떻게 절제할 수 있는가?

본문 : 벧후 1:5-7
찬송 : 346, 344장

"그러므로 너희가 더욱 힘써 너희 믿음에 덕을, 덕에 지식을, 지식에 절제를, 절제에 인내를, 인내에 경건을, 경건에 형제 우애를, 형제 우애에 사랑을 더하라"(벧후 1:5-7)

그리스도인이 지녀야 할 절제란 성령의 도우심을 받아 어떤 죄악이나 잘못된 습관의 지배 아래 있지 않도록 스스로를 다스리는 것을 말합니다. 절제는 먹는 일, 마시는 일, 성생활, 감정 표현, 혀를 사용하는 일, 시간 사용 등 우리 생활 전반에 걸쳐 꼭 필요한 요소입니다.

절제를 제대로 할 수 있는 사람이 예수 그리스도를 바로 따를 수 있습니다. 예수 그리스도의 영성을 품을 수가 있고 예수 그리스도의 삶인 경건성을 유지해 갈 수 있습니다. 절제하는 생활이 있어야 합니다.

첫째, 소망을 가지므로 절제할 수 있습니다.

고전 9:25, "이기기를 다투는 자마다 모든 일에 절제하나니 그들은 썩을 승리자의 관을 얻고자 하되 우리는 썩지 아니할 것을 얻고자 하노라"

홀로 된 어머니가 행랑을 하고 콩나물 장사를 하면서 자식들을 교육시켰습니다. 자식들이 다 성공하고 장성했는데도 자식들과 같이 살지 않고 혼자 조그만 오두막집에서 살았습니다. 자식들이 어머니에게 이제는 아파트에서 함께 살자고 졸라대자, 어머니는 자식들에게 이렇게 말했습니다. "너희들이 정 원한다면 나를 위해 집을 한 채 지어라. 내가 원하는 집은 바닥을 반드시 유리로 지어야 하느니라. 유리뿐만 아니라 기둥을 꼭 12개를 세워야 한다. 그리고 그 기둥의 밑바닥은 반드시 보석을 박아야 하는데, 그 보석의 색깔이 다 달라야 하고 문은 12개 만들어야 한다." 자식들은 그런 집이 어디 있냐고 하자, 어머니는 없으면 그만두라고 하셨습니다. 어머니의 그 집은 하늘나라를 말한 것입니다.

소박하고 검소한 삶 속에서도 위축되지 않고, 또한 자식들에게 기대지 않고 당당하게 살 수 있었던 비밀은 빛나고 영광스러운 상속에 대한 소망이 있었기 때문입니다.

둘째, 성령을 힘입어야 절제할 수 있습니다.

조그만 아이가 맛있는 과자가 잔뜩 들어 있는 유리병 속에 손을 집어넣었습니다. 아이는 주먹에 쥘 수 있을 만큼 한껏 쥐었는데, 주먹을 끄집어내려 하니 병목이 작아서 손이 나오지 않습니다. 아이는 그만 울음을 터뜨리고 말았습니다. 그때 옆에 있던 엄마가 아이에게 "얘야, 욕심부리지 말고 손에 있는 것 반만 쥐어 보렴." 하고 말했습니다.

성령충만한 사람은 세상 욕심을 버리고 절제할 수 있습니다. 성령님은 우리 연약함을 도우십니다. 우리가 욕심과 정욕을 따라 구할 때마다 성령님은 우리 연약함을 아시고 도와주십니다. 우리가 기도할 때 성령님이 역사하시고, 우리가 절제하지 못하는 것을 도와주셔서 절제할 수 있도록 도와주십니다.

셋째, 바른 교훈을 받음으로 절제할 수 있습니다.

딛 2:1-2 "오직 너는 바른 교훈에 합당한 것을 말하여 늙은 남자로는 절제하며 경건하며 신중하며 믿음과 사랑과 인내함에 온전하게 하고"

왕이 먹는 그 맛있는 음식, 그들도 얼마나 먹고 싶었겠습니까? 왕이 마신다는 그 포도주를 그들은 왜 먹고 싶지가 않았겠습니까? 그런데 그들이 이 모든 것을 절제하고 이겨낼 수가 있었던 것은, 이스라엘 백성들은 어려서부터 하나님의 말씀에 기초한 철저한 신앙교육을 받았기 때문입니다. 아마 다니엘을 비롯한 그의 친구들이 이스라엘의 왕족으로 하나님의 말씀을 통한 자기 절제가 가능하였기 때문일 것입니다.

그러므로 절제는 나의 힘이 아니라 성령의 도우심 속에서 이루어지는 열매인데, 이것은 분명히 믿음 안에서만 가능한 것입니다.

넷째, 인내하여야 절제할 수 있습니다.

벧후 1:5-7 "그러므로 너희가 더욱 힘써 너희 믿음에 덕을, 덕에 지식을, 지식에 절제를, 절제에 인내를, 인내에 경건을, 경건에 형제 우애를, 형제 우애에 사랑을 더하라"

절제에 인내를 가지라고 했습니다. 일시적인 절제는 외식에 지나지 않습니다. 절제생활을 하려면 인내가 따라야 하는 것입니다. 인내에 경건을 쌓으라고 햇습니다. 인내에는 경솔함이 없어야 합니다. 천박함도 없어야 합니다. 경건하게 따르는 인내이어야 합니다. 경건에 형제 우애를 공급하라고 했습니다. 경건을 겉으로 보이는 거룩한 것으로 여기고 형제에 대한 사랑의 교제가 없다면 안 됩니다. 그리고 형제 우애에 사랑을 공급하라고 했습니다.

인생은 정말 짧습니다. 우리는 곧 하나님 앞에 서게 될 것입니다. 우리는 주어진 것을 가지고 절제와 검소함을 통해서 하나님이 기뻐하는 삶을 살아야 합니다.

/ 말씀을 생각하며 /

오늘 묵상한 말씀 요약

오늘 배운 말씀의 교훈

이번 주 나의 기도

나
가정
이웃
교회
기타

/ 제 39 주
절제하는 자의 특징

본문 : 약 1:19
찬송 : 218, 204장

"내 사랑하는 형제들아 너희가 알지니 사람마다 듣기는 속히 하고 말하기는 더디 하며 성내기도 더디 하라"(약 1:19)

성경은 다윗에 대하여 "하나님의 마음에 맞는 사람"이라고 평하고 있습니다. 그가 결코 실수와 범죄가 없는 사람이라는 의미가 아닙니다. 그럼에도 불구하고 그는 믿음의 사람이었습니다. 그는 하나님의 다스림을 받고, 그리고 성령의 지배를 받는 사람이었기 때문에 자신을 다스릴 줄 알았습니다. 그리하여 그는 자신의 감정대로 행하는 어리석음을 범하지 않았기 때문에 마침내 이스라엘의 왕이 되었습니다. 온유한 자가 땅을 기업으로 얻을 것이라고 말하고 있습니다.

성숙한 그리스도인은 절제를 잘할 수 있는 사람이며, 그 특징은 다음과 같습니다.

첫째, 듣기를 속히 합니다.

롬 10:17 "그러므로 믿음은 들음에서 나며 들음은 그리스도의 말씀으로 말미암았느니라"

믿음의 시작은 들음에서 일어납니다. 즉 듣기 시작할 때 믿음이 생기게 되며 소망이 있게 됩니다. 듣지 않는 사람은 소망이 없습니다. 그러나 듣는 사람에게는 소망과 희망이 있습니다. 들을 줄 알아야 성숙한 그리스도인이 되는 것입니다.

커뮤니케이션, 즉 의사소통에서나 상담에서도 가장 기본이 되는 것은 듣는 것입니다. 서로 간에 듣지 않을 때 문제가 발생하는데, 하나님 말씀을 듣지 못한다면 그 사람은 생의 비극을 자초하는 것입니다.

어떤 사람은 자기가 원하는 것만 듣습니다. 편견을 가지고 있으면 하나님 말씀 전체를 받아들이지 못합니다. 또는 감정의 내에서만 받아들이기에 사실상 듣지 못합니다. 그렇기 때문에 그의 삶속에 변화가 없고 쓰이지 않게 되므로 성숙하지 못한 모습으로 보여지게 됩니다. 들을 줄 알 때, 절제하게 됩니다. 그리고 죄인은 들을 때 믿음으로 구원을 받을 수 있게 됩니다. 하나님의 말씀을 속히 들을 수 있어야 합니다. 하나님의 말씀을 속히 들을 때 말씀이 그 안에 와서 쌓이게 됩니다. 그러할 때 그는 절제할 수 있는 사람이 됩니다.

막 4:9 "또 이르시되 들을 귀 있는 자는 들으라 하시니라"
계 3:13 "귀 있는 자는 성령이 교회들에게 하시는 말씀을 들을지어다"

둘째, 말하기를 더디 합니다.

할 말이 없는 사람은 아무도 없습니다. 고대 철인 제노(Zeno)가 귀가 둘이고 입이 하나 있는 것은 말하기보다 듣기를 두 배로 해야 함을 뜻한다고 말했습니다. 그러나 불행히도 어떤 사람은 생각하지 않고 거친 말을 마구 합니다.

그러나 말씀을 속히 듣고 말씀이 다스리게 하면 확실하고 가치있는 것만을 말하게 됩니다. 진리의 말씀으로 잘 훈련된 그리스도인은 말하기를 더디 합니다.

우리의 말로 나타내는 것, 즉 입으로 시인하는 것은 대단히 중요합니다. 그뿐만 아니라 그의 말을 들어보면 그가 의로운 사람인가, 정말로 절제된 사람인가를 알 수 있습니다. 왜냐하면 속에 있는 것이 말을 통해서 나오기 때문입니다. 말을 다스릴 줄 아는 사람은 그의 전 생활을 다스리는 사람입니다. 성령의 지배를 받는 사람입니다.

셋째, 성내기도 더디 합니다.

약 1:20 "사람이 성내는 것이 하나님의 의를 이루지 못함이라"

성내는 것, 분노하는 것은 하나님의 일을 방해합니다. 그러나 하나님께서는 우리가 분을 낼 수 있는 정서를 주셨습니다. 분을 내어도 죄를 짓지 말라고 했습니다. 분이 오래가면 바로 그것이 죄가 됩니다. 건전한 생각을 할 능력을 잃어버리고 균형 있는 결정을 할 수 없게 됩니다. 그래서 분노는 정신 이상의 직전이라고 합니다. 분노할 때 비합리적인 말을 하게 됩니다. 여러 사람 앞에서 나타내는 극한 분노는 하나님의 거룩함을 나타내지 못하는 것입니다. 성내는 것은 하나님의 의를 이루지 못하는 것입니다.

진리의 말씀을 속히 들으면 성내기도 더디 합니다. 죄인을 구원하시는 하나님의 말씀을 온유한 심령으로 받아들여야 합니다. 그럴 때 우리의 삶속에 절제가 있고 거룩함이 이루어지게 됩니다.

잠 25:28 "자기의 마음을 제어하지 아니하는 자는 성읍이 무너지고 성벽이 없는 것과 같으니라"

/ 말씀을 생각하며 /

오늘 묵상한 말씀 요약

오늘 배운 말씀의 교훈

이번 주 나의 기도

나
가정
이웃
교회
기타

겸손

그러므로 하나님의 능하신 손 아래에서
겸손하라
때가 되면 너희를 높이시리라
(벧전 5:6)

/ 제 40 주
누구 앞에서 겸손해야 할까요?

본문 : 약 4:1-10
찬송 : 274, 278장

"주 앞에서 낮추라 그리하면 주께서 너희를 높이시리라"(약 4:10)

미국 독립전쟁 당시 어떤 하사관이 부하들에게 큰 지렛대를 들어올리는 일을 시키고 있었습니다. 하사관은 손 하나 까딱하지 않고 거만하게 지시만 했습니다. 사복을 입은 한 사람도 뛰어들어 사병들을 도왔습니다. 그리고 그는 그 하사관에게 "병사들이 이 무거운 것을 들어올리며 도움을 필요로 할 때 왜 당신은 돕지 않았습니까?" 라고 묻자, 그 하사관은 자신의 계급장을 가리키며 "난 지휘관이오" 라고 말했습니다. 질문을 한 사람은 겉옷을 벗고 자신의 제복을 보여주며 "나는 총사령관 워싱톤이오, 또 일할 것이 있으면 나를 불러주게나!" 하였답니다. 우리는 누구 앞에서 겸손해야 할까요?

첫째, 하나님 앞에 겸손해야 합니다.

하나님 앞에서 겸손하라는 말은 너무나 당연한 말입니다. 그러나 많은 사람들이 하나님 앞에서 겸손하지 못합니다. 어떤 사람들은 하나님이 베풀어주신 것들을 내가 잘해서 얻는 것처럼 착각하기도 합니다. 또 주님의 교회를 섬기면서 내가 주님을 위해 대단한 일을 하고 공적을 쌓은 것처럼 착각하기도 합니다. 또 사회에서 성공하고 경제적으로 부요함을 누려도 자신의 능력으로 모든 것을 이루었다고 생각합니다. 그러나 알아야 할 것이 있습니다. 하나님이 베풀어주시지 않으면 아무것도 할 수 없다는 것입니다. 하나님께서 우리를 세우지 않으면 능력이 아무리 뛰어나도 어떻게 사람들 앞에 설 수 있겠습니까? 그리고 자기 눈앞에 항상 붙어 있는 눈썹의 수효도 모르면서 온 우주만물을 창조하시고 역사하시는 하나님이 없다고 하는 자와 하나님의 많은 은혜를 입고 살면서도 하나님께 감사하지 아니하는 자는 실로 하나님 앞에 교만하고 어리석은 자입니다.

약 4:10 "주 앞에서 낮추라 그리하면 주께서 너희를 높이시리라"

둘째, 우리는 말씀 앞에서 겸손해야 합니다.

말씀 앞에서 교만한 마음은 길바닥과 같은 마음입니다. 길바닥과 같은 박토에는 말씀이 뿌리를 내리지 못합니다. 우리는 말씀을 두려움과 간절히 사모하는 마음으로 받아들여야 합니다. 날마다 듣는 말씀이지만 그렇고 그런 말씀이란 생각으로, 한 귀로 듣고 한 귀로 흘려버리는 일은 엄청난 영적 교만입니다. 말씀을 잘 알수록 더욱 겸손해야 합니다. 이것이 바로 말씀을 아는 것입니다. 익지 않은 이삭이 고개를 든다는 법칙을 기억해야 합니다.

잠 17:18-19 "지혜 없는 자는 남의 손을 잡고 그의 이웃 앞에서 보증이 되느니라 다툼을 좋아하는 자는 죄과를 좋아하는 자요 자기 문을 높이는 자는 파괴를 구하는 자니라"

잠 18:12 "사람의 마음의 교만은 멸망의 선봉이요 겸손은 존귀의 길잡이니라"

셋째, 우리는 사람 앞에서도 겸손해야 합니다.

그리스도인은 자신보다 직위가 낮거나 어려운 사람 앞에서도 겸손해야 합니다. 모세가 시내 산에서 하산할 때 그의 얼굴에서 하나님의 은혜로 빛이 나자 수건으로 얼굴을 가리웠습니다. 사도 바울은 많은 은혜를 받았으면서도 자신을 "죄인의 괴수"라고 했습니다. 요사이 어떤 사람들 중에는 은혜를 좀 받으면 거룩한 척 하는 사람이 있는데 이것은 잘못된 것입니다. 은혜를 많이 받으면 받을수록 자신의 부족과 허물을 깨닫게 되고, 죄를 알게 되어 자연히 겸손해질 수밖에 없습니다. 겸손해 질수록 큰 은혜를 받습니다.

낮은 골짜기에 이슬이 많이 내립니다. 바람이 많이 부는 산꼭대기 높은 곳에는 이슬이 내리지 못합니다. 겸손한 마음에 은혜의 이슬이 내립니다. 벼락도 가장 높은 곳을 칩니다. 하나님은 겸손한 자의 소원을 들으시고 교만한 자의 기도는 물리치십니다. 신앙의 모범이 될만한 사람이 자주 빠지게 되는 시험이 바로 영적 교만입니다. 내 신앙을 다른 사람과 비교하는 것부터가 잘못된 것입니다. 언제나 그리스도인은 자신의 부족함을 고백하고 겸손하게 하나님의 도우심을 간구해야 합니다.

주님이 기뻐하는 사람은 말 잘하는 사람이나 재능 많은 사람이 아니라 겸손하게 하나님의 도움을 구하는 사람이라는 사실을 우리는 잊지 말아야 합니다.

시 149:4 "여호와께서는 자기 백성을 기뻐하시며 겸손한 자를 구원으로 아름답게 하심이로다"

/ 말씀을 생각하며 /

오늘 묵상한 말씀 요약

오늘 배운 말씀의 교훈

이번 주 나의 기도

나
가정
이웃
교회
기타

/ 제 41 주
교만과 겸손

본문 : 잠 11:1-12
찬송 : 212, 534장

"지혜 없는 자는 그의 이웃을 멸시하나 명철한 자는 잠잠하느니라"(잠 11:12)

성경이 제일 먼저 가르치는 최고의 덕은 겸손입니다. 옛날부터 우리 동양에서는 세 가지 덕을 말했는데 지, 인, 용, 즉 지혜롭고 어질고 용기 있는 것이었습니다. 서양에서는 특히 헬라의 윤리 사상을 보면 여기에다 절제를 더해 네 가지 덕을 말했습니다. 동양이나 서양의 윤리 사상에서는 겸손을 그렇게 강조하지 않았습니다. 그런데 성경에서는 제일 먼저 겸손의 덕을 가장 귀한 것으로 가르치고 있습니다.

예수님께서 즉 말씀이 육신을 입으시고 이 세상에 오신 그 사실 자체가 겸손이요, 예수님의 생활 자체가 겸손에 대한 산 교훈인 것입니다. 우리는 예수님의 겸손을 배워야겠습니다.

첫째, 영적인 교만입니다.

사 14:12-15 "너 아침의 아들 계명성이여 어찌 그리 하늘에서 떨어졌으며 너 열국을 엎은 자여 어찌 그리 땅에 찍혔는고 네가 네 마음에 이르기를 내가 하늘에 올라 하나님의 뭇 별 위에 내 자리를 높이리라 내가 북극 집회의 산 위에 앉으리라 가장 높은 구름에 올라가 지극히 높은 이와 같아지리라 하는도다 그러나 이제 네가 스올 곧 구덩이 맨 밑에 떨어짐을 당하리로다"

영적 교만은 우주의 모든 죄 가운데 첫 번째 죄입니다. 영적 교만은 하나님의 은혜보다도 자기 자신의 덕을 더 내세웁니다. 그러므로 하나님의 심판을 면치 못합니다. 바리새인의 영적인 교만을 하나님은 물리치셨습니다. 자기 자신을 다른 사람보다 더 의롭게 생각합니다. 자기가 다른 사람보다 하나님을 더 잘 섬기고 있는 것으로 자만합니다. 그래서 다른 사람을 보면 모두가 하나님을 잘못 섬기는 사람처럼 보입니다. 그러니까 자연히 비판합니다. 그래서 그들은 하나님의 아들 예수도 그들의 눈으로 볼 때 이단으로 보였습니다. 하나님을 바로 섬기지 못한다고 생각하였습니다. 그 결과 하나님의 아들을 십자가에 못박았습니다.

둘째, 지적인 교만입니다.

고전 8:1-2 "우상의 제물에 대하여는 우리가 다 지식이 있는 줄을 아나 지식은 교만하게 하며 사랑은 덕을 세우나니 만일 누구든지 무엇을 아는 줄로 생각하면 아직도 마땅히 알 것을 알지 못하는 것이요"

사람이 무엇을 배워서 그 방면에 아는 것이 많아지면 자기도 모르는 사이에 교만해지기 쉽습니다. 그러나 우리가 기억할 것은 지식도 하나님이 주신 것입니다. 내 것이 아닙니다. 우리가 아는 것보다는 사실 모르는 것이 더 많습니다. 정말 많이 아는 사람은 겸손합니다. 뭐 조금 아는 사람의 소리가 대단히 요란합니다.

그래서 잠언 26:12에 이렇게 말했습니다. "네가 스스로 지혜롭게 여기는 자를 보느냐? 그보다 미련한 자에게 오히려 바랄 것이 있느니라"고 하였습니다.

셋째, 물질적인 교만입니다.

시 62:10 "포악을 의지하지 말며 탈취한 것으로 허망하여지지 말며 재물이 늘어도 거기에 마음을 두지 말지어다"

돈이 많아지면 교만해지기 쉽습니다. 그러나 우리의 소유는 다 하나 님께로부터 온 것입니다. 그러므로 우리는 겸손해야 합니다. 하나님 은 겸손한 자에게 은혜를 주시기 때문입니다. 낮은 곳에 물이 고이듯 이 겸손한 곳에 하나님의 은혜가 모입니다. 그릇은 비어야 무엇을 담 을 수 있습니다. 마찬가지로 겸손히 빈 마음에라야 성령의 기름을 부 어 넣을 수가 있습니다.

사 57:15 "지극히 존귀하며 영원히 거하시며 거룩하다 이름하는 이 가 이와 같이 말씀하시되 내가 높고 거룩한 곳에 있으며 또한 통회하 고 마음이 겸손한 자와 함께 있나니 이는 겸손한 자의 영을 소생시키 며 통회하는 자의 마음을 소생시키려 함이라"

소극적으로 겸손한 사람은 자기 자랑을 하지 않습니다. 겸손한 사 람은 무슨 일을 하고도 자랑하지 않습니다. 겸손한 사람은 자기 고집 을 너무 세우지 아니합니다. 겸손한 사람은 불평, 원망하지 않습니다. 적극적으로 겸손한 사람은 어디 가나 봉사합니다. 겸손한 사람은 범 사에 감사합니다.

잠 6:16-19 "여호와께서 미워하시는 것 곧 그의 마음에 싫어하시 는 것이 예닐곱 가지이니 곧 교만한 눈과 거짓된 혀와 무죄한 자의 피 를 흘리는 손과 악한 계교를 꾀하는 마음과 빨리 악으로 달려가는 발 과 거짓을 말하는 망령된 증인과 및 형제 사이를 이간하는 자이니라"

/ 말씀을 생각하며 /

오늘 묵상한 말씀 요약

오늘 배운 말씀의 교훈

이번 주 나의 기도

나
가정
이웃
교회
기타

/ 제 42 주
겸손한 신앙생활

본문 : 막 1:9-11
찬송 : 288, 274장

"그 때에 예수께서 갈릴리 나사렛으로부터 와서 요단 강에서 요한에게 세례를 받으시고"(막 1:9)

세례 요한은 자기가 주님의 길을 예비하는 자이고 주님 앞에서는 자기가 아무 것도 아니라는 확고한 의식을 가지고 있었습니다. 그러나 9절을 보면 전혀 다른 장면이 연출됩니다. 예수님께서 요단 강에서 세례 요한으로부터 세례를 받으신 것입니다. 메시아의 오심을 예비하는 사람이 어떻게 메시아에게 세례를 베풀 수 있습니까? 왜 예수님께서는 죄인처럼 되어 요단 강으로 들어가서 세례를 받으십니까? 이 예수님의 세례에는 몇 가지 의미가 있습니다.

첫째, 예수님이 낮은 곳으로 내려가셨다는 의미입니다.

왜 예수님이 세례 요한에게 세례를 받으셨습니까? 신앙생활은 높은 곳에서 낮은 곳으로 내려가야 한다는 교훈 때문입니다. 우리의 신앙생활은 예수님처럼 내려가는 생활이어야 합니다. 죽고자 하는 사람은 살고, 살고자 하는 사람은 죽는다고 했습니다. 사람을 섬기는 자가 섬김을 받는다고 했습니다. 높아지고자 하는 사람은 낮아지고 낮아지고자 하는 사람은 결국 높아집니다. 그리고 죽어야만 부활이 있고, 한 알의 밀이 죽어야만 백 배의 결실을 맺습니다. 우리들의 세상살이에서도 고민과 갈등과 다툼 그리고 자존심의 깊은 상처로 인해서 마음이 상하고 화를 내는 것도 모두 이 내려가는 생활이 서툴러서 그런 것입니다.

눅 18:14 "내가 너희에게 이르노니 이에 저 바리새인이 아니고 이 사람이 의롭다 하심을 받고 그의 집으로 내려갔느니라 무릇 자기를 높이는 자는 낮아지고 자기를 낮추는 자는 높아지리라 하시니라"

내려가기만 하면 이 모든 문제는 아주 간단하게 해결됩니다. 그래서 신앙생활은 낮은 곳으로 내려가는 생활입니다. 그때 비로소 신앙이 주는 신비스러운 힘과 하늘의 평화를 누리게 됩니다.

둘째, 죄인의 자리로 내려가셨다는 의미입니다.

세례는 죄인이 죄 씻음을 위하여 받는 것입니다. 그런데 예수님도 요단강으로 친히 내려가셔서 세례를 받으셨습니다. 그것은 예수님의 죄가 있어서가 아니라 스스로 죄인의 모습이 되신 것입니다. 이 주님의 모습은 우리에게 어떤 도전을 줍니까? 주님께서 스스로가 죄인의 모습으로 낮아지신 것은 큰 교훈이 있습니다.

마 9:10-11 "예수께서 마태의 집에서 앉아 음식을 잡수실 때에 많은 세리와 죄인들이 와서 예수와 그의 제자들과 함께 앉았더니 바리새인들이 보고 그의 제자들에게 이르되 어찌하여 너희 선생은 세리와 죄인들과 함께 잡수시느냐"

요 9:31 "하나님이 죄인의 말을 듣지 아니하시고 경건하여 그의 뜻대로 행하는 자의 말은 들으시는 줄을 우리가 아나이다"

우리는 성경에서 예수님이 친히 죄인들과 함께하시는 모습을 보게 됩니다. 그것은 예수님의 낮아지심이 죄인으로서가 아니라 경건한 삶을 보여 주시며, 우리로 하여금 겸손한 신앙생활을 하라고 하시는 교훈을 하시는 것입니다.

셋째, 죽음의 자리로 내려가셨다는 의미가 있습니다.

세례는 원래 온몸을 강물에 침수시키는 예식입니다. 내 전신이 물속에 들어가는 것은 이제 나는 완전히 죽었다는 의미이며, 내가 다시 물속에서 나오게 되면 이제 나는 예수와 함께 다시 살았다는 의미로서 즉 영적으로 다시 태어남을 뜻하는 것입니다. 이제 우리 모두 요단 강으로 들어가는 존재가 되어야 합니다.

막 1:10 "곧 물에서 올라오실새 하늘이 갈라짐과 성령이 비둘기같이 자기에게 내려오심을 보시더니"

왜 교회 건물 위에 십자가를 세웁니까? 이 십자가 아래 있는 사람들은 다 요단 강에 있는 사람이라는 표시입니다. 이 요단 강의 의미를 아는 사람이어야 그가 곧 부활절을 맞이할 수 있고, 그리고 주님의 부활절을 맞이한 사람이라야 성령강림절을 맞이할 수 있습니다. 요단 강의 역사가 없이 성령강림의 역사가 있을 수 없습니다.

그리고 주님의 죽으심은 우리에게 평화를 주시기 위함입니다. 그러므로 우리가 하나님의 일을 한다는 것은, 곧 나의 일을 통해서 그리스도의 평화를 세상에 전파하는 일입니다. 비둘기 같이 임했던 성령의 역사가 우리들을 통하여 상처와 아픔이 있는 곳에 전파되어 건강한 믿음 공동체를 이루어 나아가는 것이 우리의 사명입니다.

/ 말씀을 생각하며 /

오늘 묵상한 말씀 요약

오늘 배운 말씀의 교훈

이번 주 나의 기도

| 나 |
| 가정 |
| 이웃 |
| 교회 |
| 기타 |

/ 제 43 주
겸손의 유익

본문 : 벧전 5:5-6
찬송 : 276, 449장

"교만한 자를 대적하시되 겸손한 자들에게는 은혜를 주시느니라 그러므로 하나님의 능하신 손 아래에서 겸손하라 때가 되면 너희를 높이시리라"(벧전 5:5-6)

예수님의 성품을 한마디로 묘사하면 겸손입니다. 사람이 겸손하면 겸손할수록 예수님의 향기가 진하게 배어 나오고 예수님을 닮아갑니다. 겸손해야 하나님의 은혜가 임하고, 하나님의 도우심이 있고, 하나님의 능력이 임하게 되고, 영광스러운 인생을 살 수 있습니다. 교만하면 교만한 크기만큼 마이너스입니다. 겸손하면 겸손한 만큼 플러스 효과가 나타납니다.

첫째, 겸손해야 배울 수 있습니다.

겸손한 사람만이 배울 수 있습니다. 교만하면 배울 수 없습니다. 배우려고 할 때에 제일 필요한 것이 부족함을 느끼는 것입니다.

벧전 5:5 "젊은 자들아 이와 같이 장로들에게 순종하고 다 서로 겸손으로 허리를 동이라 하나님은 교만한 자를 대적하시되 겸손한 자들에게는 은혜를 주시느니라"

내가 부족하다고 생각하니까 순복할 수 있습니다. 어른들께 배울 것이 있다고 생각하는 사람이 순복할 수 있습니다. 젊은이에게 배우는 사람은 더욱 겸손한 사람입니다. 교만하면 더 이상 못 배웁니다. 겸손해야 스펀지같이 흡수하는 능력이 있습니다.

세상에서 제일 교만한 사람은 달랑 책 한 권 읽은 사람이라고 했습니다. 그에게는 책 한 권이 그의 모든 지식이요 진리입니다. 일주일에 책을 한 권씩 읽어도 일 년이면 50권밖에 읽지 못합니다. 아주 무식하게 읽었다고 합시다. 일주일에 10권을 읽는다고 해도 1년이면 500권입니다. 그런데 독서도 많이 하다보면 읽은 책이 읽지 않은 책보다 훨씬 적기 때문에 겸손해질 수밖에 없습니다.

배우면 배울수록 고개 숙이게 되어 있습니다. 겸손함은 배우려고 하는 것입니다. 교만한 사람은 팔짱 끼고 앉아서 비판만 합니다. 겸손함을 통해서 배우는 은혜가 임하기를 바랍니다.

둘째, 겸손해야 기도할 수 있습니다.

우리는 보통 게을러서 기도하지 않는다고 생각하는데 사실은 교만해서 기도하지 않는 것입니다. 기도만이 능력이라고 생각하면 누가 기도하지 않겠습니까? 지금도 금식하라고 하면 마음이 가난한 사람은 금식합니다. 하나님의 도우심만을 구해야 한다고 생각하기 때문에 금식합니다. 그런데 비웃는 사람이 있지요. 요즘 세상에 무슨 놈의 금식이야! 그러다가 한순간에 무너지기 시작하면 우리 인생이라는 것이 참 간단합니다. 하나님께서 겸손하게 만들 때는, 정말 나중에 토할 때는 국물도 나올 것이 없을 정도로 완전히 고갈시켜 버립니다. 그러면 그때서야 겸손해집니다. 말씀을 듣고 기도합니다.

지혜 있는 사람은 잘 나갈 때 겸손합니다. 요셉은 애굽의 총리대신이 되어 권력과 부를 누렸지만, 결코 권력을 남용하거나 사치방탕하지 않았습니다. 아무런 일이 없이 잘되고 있다고 방심하고 교만하면 곧장 꺾입니다. 잘될 때 하나님께 더 기도해야 되고, 문제가 없을 때 금식기도하는 것이 지혜로운 사람입니다.

하나님의 능력이 떠나면 할 수 있는 것은 아무 것도 없습니다. 겸손하게 하나님의 은혜를 구하면서 겸손으로 허리를 동이는 믿음의 사람들이 되어야 합니다.

셋째, 겸손하면 쉼이 있습니다.

벧전 5:6 "그러므로 하나님의 능하신 손 아래에서 겸손하라 때가 되면 너희를 높이시리라"

겸손이라는 것은 주님의 능하신 손 아래로 가는 것입니다. 구약의 표현에 의하면 주님의 날개 밑으로 가는 것입니다. 내 영향권에서 하나님의 영향권 속으로 들어가는 것입니다. 하나님이 나의 방패가 되어주시는 것입니다. 이제까지는 내 힘으로 막으려고 했는데 이제부터는 하나님의 보호권에 들어가는 것입니다.

마 11:28 "수고하고 무거운 짐진 자들아 다 내게로 오라 내가 너희를 쉬게 하리라"

교만하면 피곤합니다. 높아지려고 하니까 피곤합니다. 더 많이 가지려고 하니까 피곤합니다. 더 아름다워지려고 하니까 피곤합니다. 그냥 주어진 것에 감사하며 만족하면 편안합니다. 대접받으려고 하면 힘들지만 겸손하게 행하면 마음에 평안이 있습니다.

예수님 앞에 서면 겸손해집니다. 겸손해야 배울 수 있고, 기도할 수 있고. 겸손해야 우리 삶에 평안과 쉼이 있습니다. 겸손의 유익을 누리는 믿음의 종들이 되기를 바랍니다.

/ 말씀을 생각하며 /

오늘 묵상한 말씀 요약

오늘 배운 말씀의 교훈

이번 주 나의 기도

나
가정
이웃
교회
기타

겸손과 자비

본문 : 눅 14:7-14
찬송 : 337, 341장

"네가 누구에게나 혼인 잔치에 청함을 받았을 때에 높은 자리에 앉지
말라..."(눅 14:8)

토마스 하아디는 유명한 영국의 시인이었습니다. 그런데 그가 시를
써서 신문사에 보낼 때는 꼭 자기의 주소를 기록하고 우표까지 붙인
반송봉투를 넣어 보내곤 하였다고 합니다. 언제나 자기의 원고가 거
부되면 돌려 달라는 겸손한 자세였습니다. 당대에 그를 능가할 시인
이 없었다고 합니다. 그러나 그는 이런 겸손한 자세로 살았습니다. 그
의 겸손이 그를 유명하고 위대한 시인으로 만들었습니다.

세상에서 자기가 훌륭하다고 생각하는 사람처럼 못난 사람은 없고
자기가 가장 똑똑하다고 자처하는 사람처럼 못나고 어리석은 사람은
없습니다. 자기가 중요하다고 생각하는 사람처럼 덜 중요한 사람은 없
습니다. 그러면 우리가 어떻게 겸손한 생활을 할 수 있습니까?

첫째, 우리 인간의 실존을 인정하는 데 있습니다.

사람이 어떤 존재인지 알아야 겸손해질 수 있습니다. 가령 우리 가
운데 많은 지식을 가진 분이 있습니까? 지식이 많으면 흔히 교만해지
기 쉽다고 합니다. 그러면 우리가 아는 것이 얼마나 됩니까? 우리가
안다면 얼마나 압니까? 아는 것은 지극히 적습니다. 사실 공부를 많이

하면 할수록 좁게, 깊게 알지 다른 것은 도무지 모릅니다.

우리가 안다는 것이 무엇입니까? 야고보가 말한 대로 내일 일도 알지 못합니다. 지식이 많다는 사람일수록 사실 겸손할 수밖에 없습니다. 사람이 소유하고 있는 재물은 어떻습니까? 지혜자는 재물을 떠다니는 구름과 같다고 하였습니다. 잡으면 있고 놓으면 없어지는 것, 오늘은 있다가 내일은 없어지듯, 재물이란 떠다니는 구름처럼 왔다 갔다 합니다. 그러므로 성경은 정함이 없는 재물에 마음을 두지 말라고 경고합니다. 인간 존재를 분명하게 인식할 때 겸손하지 않을 수 없습니다.

딤전 6:17-18 "네가 이 세대에서 부한 자들을 명하여 마음을 높이지 말고 정함이 없는 재물에 소망을 두지 말고 오직 우리에게 모든 것을 후히 주사 누리게 하시는 하나님께 두며 선을 행하고 선한 사업을 많이 하고 나누어 주기를 좋아하며 너그러운 자가 되게 하라"

둘째, 우리를 온전한 데 비교해 보는 일입니다.

하나님의 온전하심에 우리의 생활을 비교하면 우리 자신이 얼마나 부족하고 미숙하고 죄인인가를 깨닫게 되고 자연히 겸손해질 수밖에 없을 것입니다. 많은 음악가들이 음악 연주를 하지 않겠다고 다짐하곤 한다고 합니다. 많은 설교가들이 성도들 앞에 하나님의 말씀을 바로 증거하지 못하여 마음에 고민이 있습니다. 모두가 완전하지 못하기 때문입니다.

베드로가 주님의 말씀에 순종하여 고기 그물을 오른편 깊은 곳에 던졌더니 혼자서는 감당할 수 없을 정도로 많은 고기를 잡게 되었습니다. 갈릴리 바다에서 잔뼈가 굵은 어부요, 갈릴리 바다의 사정을 손바닥처럼 잘 알고 있던 어부 베드로였습니다. 그가 밤새도록 애썼으나 고기 한 마리 잡지 못하고 있다가 예수님의 말씀을 따라 순종했더니 대성공이었습니다. 주님께 다가가서 베드로가 한 말이 무엇인지 기억하십니까? "주여, 나를 떠나소서. 나는 죄인입니다." 였습니다.

우리는 누구나 예외 없이 다 죄인입니다. 그러므로 우리는 주 앞에서 겸손해야 할 것입니다.

셋째, 남을 대접할 줄 아는 데 있습니다.

예수님은 사람을 초대할 경우, 친구나 형제나 친척이나 부한 이웃보다는 가난한 사람들, 장애인들, 저는 자들, 소경들을 청하라고 하셨습니다. 왜냐하면 부한 사람이나 친구나 형제를 청해서 대접하면 그 사람들이 나를 다시 청해서 갚아주기 때문입니다. 오히려 가난하고 갚을 길 없는 사람을 대접하면 그 사람들은 갚을 길이 없으므로 복이 된다고 하십니다. 현세에는 갚음이 없지만 의인들이 부활할 때 하나도 헛되지 않고 다 갚게 될 것이기 때문입니다.

친구나 형제나 친척이나 부자는 초청하지 말라고 했는데, 이것은 우리가 베푸는 행위의 동기가 어디에 있는가 하는 것입니다. 주는 것이 나의 우월감을 조장하는 것이 아니어야 합니다. 주는 사람이 높은 위치에서 받는 사람을 내려다보는 자세가 되지 않아야 합니다. 주는 사람은 받는 사람이 누군지 모르게 주는 것이고, 받는 사람은 누구에게서부터 받는 줄을 모르고 받는 것이 가장 아름다운 것입니다.

마 10:8하 "너희가 거저 받았으니 거저 주라"

하나님께로부터 받은 것을 거저 나누어 주는 것이 당연한 일이기 때문입니다. 참으로 바로 주는 길은 사랑으로 주는 것입니다. 사랑으로 주는 것은 어떤 대가를 기대하지 않습니다. 사랑으로 주는 것은 얼마를 주었든지 기억하지도 않습니다.

/ 말씀을 생각하며 /

오늘 묵상한 말씀 요약

오늘 배운 말씀의 교훈

이번 주 나의 기도

나
가정
이웃
교회
기타

/ 제 45 주
겸손과 자랑

본문 : 고전 5:6
찬송 : 94, 149장

"너희가 자랑하는 것이 옳지 아니하도다 적은 누룩이 온 덩어리에 퍼지는 것을 알지 못하느냐"(고전 5:6)

연못가에 있던 개구리 중에 지능이 높은 개구리 한 마리가 있었습니다. 그 개구리는 하늘을 날아다니는 새들을 보고 부러워하였습니다. 어느날 하늘을 날고 있는 새 한 마리에게 "야! 여기 나뭇가지가 있는데, 네가 한 쪽 끝을 입으로 물고, 나는 다른 쪽 끝을 물고 있겠다, 네가 나무를 물고 날면, 나는 더불어 날겠지, 내가 하늘을 날아갈 수 있도록 도와주겠니!"라고 부탁하였습니다. 새는 개구리의 부탁을 들어주어서 개구리는 하늘을 날고 있었습니다. 이 광경을 본 다른 개구리들이 부러워하면서 "야, 그런 기발한 생각을 누가 했니?" 라고 물었습니다. 하늘을 날고 있던 개구리는 자신의 재능을 자랑하고 싶어서 "누가 하긴 누가 해, 내가 했지." 라고 말하는 순간, 그 개구리는 나뭇가지에서 떨어져 최후를 맞이했습니다.

자랑은 인간의 본능입니다. 누구에게나 자랑거리가 하나씩은 다 있습니다. 어떤 사람은 돈과 명예와 가문과 권력과 학위를 자랑합니다. 또 어떤 이는 인생 경험과 지식과 지혜를 자랑하고, 어떤 이는 자식을 자랑하고 자신의 힘을 자랑합니다.

첫째, 주로 어리석은 사람이 자랑을 합니다.

그리스의 대부호 알치비아데스가 하루는 소크라테스 앞에서 자기가 소유한 토지가 매우 많음을 자랑하며 한바탕 늘어놓았습니다. 그때에 소크라테스는 조용히 세계지도를 펴놓으며 "그러면 당신이 소유하고 있는 토지가 어느 정도인가 여기에 그림으로 표시하십시오." 그러자 알치비아데스는 당황하며 "그런 농담은 마십시오. 내 토지가 아무리 많기로서나 세계지도에 오를리야 있겠소." 라고 하였습니다. 그때에 소크라테스는 점잖게 말했습니다. "당신의 토지가 지도에도 표시할 수 없다면 그까짓 토지를 갖고 있다고 해서 그토록 자랑할 것까지는 없지 않습니까?"

렘 9:23 "여호와께서 이와 같이 말씀하시되 지혜로운 자는 그의 지혜를 자랑하지 말라 용사는 그의 용맹을 자랑하지 말라 부자는 그의 부함을 자랑하지 말라"

둘째, 세상을 좇는 사람과 거짓 인도자가 자랑합니다.

어느 날 한 낚시꾼이 많은 숭어를 잡고 있는 노인을 찾아가 "다른 사람들은 통 고기를 잡지 못하는데 노인께서는 그렇게 많이 잡으셨는데 뭐 특별한 비결이라도 있습니까?" 라고 묻자 그 노인은 "비결이 뭐 별 것인가요? 굳이 비결이라고 한다면 첫 번째는 보이지 않게 한다는 것이지요. 두 번째 비결은 더욱 멀리에서 보이지 않게 한다는 것이지요. 세 번째 비결은 역시 그보다 더욱 더 멀리에서 보이지 않게 한다는 것뿐이죠." 라고 하는 것이었습니다.

그리스도께서는 우리로 하여금 사람을 낚는 어부로 만들어 주셨습니다. 우리가 전도를 할 때 자기 자신을 드러내거나, 자기 자랑이나 목사님 자랑만 하면 안 됩니다. 주님의 말씀과 그리스도의 복음의 빛만을 발해야 합니다.

고전 3:21 "그런즉 누구든지 사람을 자랑하지 말라"

셋째, 악한 자인고로 자랑합니다.

바울은 예수님을 만나기 전 자신이 이스라엘 족속이요 베냐민 지파요 히브리인 중의 히브리인이요 율법으로는 바리새인인 것을 자랑했습니다. 그러나 바울은 예수님을 만난 뒤 십자가에 못박혀 돌아가신 예수 그리스도만을 자랑하노라고 말하고 있습니다(갈 6:14). 바울은 예전에 자기의 자랑으로 삼았던 모든 것을 잃어버리기를 원했고 배설물로 여겼습니다. 그럼으로써 바울은 예수 그리스도를 얻기를 간절히 원했습니다.

고후 10:17 "자랑하는 자는 주 안에서 자랑할지니라"
성도가 자랑할 것은 다음과 같습니다.
첫째, 하나님의 이름을 자랑합시다(대상 16:10 ; 시 20:7, 44:8, 105:3).
둘째, 하나님의 일에 대하여 자랑합시다(롬 15:17).
셋째, 주의 십자가를 자랑합시다(갈 6:14).
넷째, 약한 것과 낮아진 것을 자랑합시다(고후 11:30, 12:5, 9 ; 약 1:9-10).

고전 5:6 "너희가 자랑하는 것이 옳지 아니하도다 적은 누룩이 온 덩어리에 퍼지는 것을 알지 못하느냐"

/ 말씀을 생각하며 /

오늘 묵상한 말씀 요약

오늘 배운 말씀의 교훈

이번 주 나의 기도

나	
가정	
이웃	
교회	
기타	

헌신

그 주인이 이르되
잘하였도다 착하고 충성된 종아
네가 적은 일에 충성하였으매
내가 많은 것을 네게 맡기리니
네 주인의 즐거움에 참여할지어다
(마 25:21)

/ 제 46 주
헌신의 자세

본문 : 요 6:8-13
찬송 : 198, 376장

"여기 한 아이가 있어 보리떡 다섯 개와 물고기 두 마리를 가지고 있나이다 그러나 그것이 이 많은 사람에게 얼마나 되겠사옵나이까 예수께서 이르시되 이 사람들로 앉게 하라 하시니 그 곳에 잔디가 많은지라 사람들이 앉으니 수가 오천 명쯤 되더라"(요 6:9-10)

스위스 알프스 산맥에서 물 한 방울이 북쪽 골짜기로 방향을 잡으면 그 물방울은 라인강을 타고 북해로 흘러갑니다. 그 물방울이 동쪽 골짜기로 방향을 잡으면 그 물방울은 디뉴브강을 통해 흑해로 흘러갑니다. 그 물방울이 남쪽 골짜기로 방향을 잡으면 그 물방울은 로네강을 통해 지중해로 흘러갑니다. 처음 방향을 잡을 때 약간의 방향 차이로 그 물방울은 수천 킬로미터가 떨어진 다른 바다로 흘러 들어가게 됩니다. 그처럼 작은 차이가 나중에는 큰 차이가 되는 것을 볼 때 현재 우리의 작은 헌신이 얼마나 중요한지 모릅니다.

첫째, 작은 것을 드리는 자세

오늘 본문에서 예수님은 큰 무리가 허기진 상태에서 따르는 것을 보시고 빌립에게 "어떻게 떡을 사서 이 군중들을 먹일 수 있겠느냐?"고 물었습니다. 그러자 빌립은 7절 말씀처럼 "각 사람으로 조금씩 받게 할지라도 이백 데나리온의 떡이 부족하리이다" 하고 대답했습니다. 착실한 대답이고 정확한 계산에 의한 대답이었지만, 주님께서 원한 대답은 아니었습니다.

주님께서는 "부족하다! 할 수 없다!"고 생각하고 포기하는 사람을 기뻐하시지 않습니다. 우리는 부족해도 하나님께서 도와주시면 얼마든지 풍성한 삶을 살 수 있고, 얼마든지 하나님의 은혜를 입을 수 있고, 얼마든지 역사를 일으킬 수 있습니다. 그런 상황에서 계산적인 빌립과는 달리 안드레는 예수님에게 어린아이가 가져온 "보리떡 다섯 개와 물고기 두 마리" 즉 오병이어를 드렸습니다. 인간적인 생각으로는 그것으로 오천 명을 위해 아무것도 할 수 없습니다. 그러나 믿음의 눈으로 볼 때 그 작은 헌신이 무엇보다 중요합니다.

헌신은 규모의 문제가 아니라 마음의 문제입니다. 진실한 마음으로 하나님께 헌신할 때 하나님은 작은 헌신도 크게 기뻐하며 받으실 것입니다. 주님은 과부의 두 렙돈을 참으로 기뻐하셨습니다. 하나님은 진실한 마음으로 드리는 자의 헌신을 기뻐하십니다.

둘째, 감사하는 마음을 드리는 자세

본문 11절에 보면 예수님께서는 앉은 군중들에게 떡과 고기를 나누어주시기 전에 축사하셨습니다. 여기에서 "축사했다"라는 말은 '축복하고 감사했다'라는 말입니다. 이 장면은 놀라운 기적이 있기 전에 무엇이 있어야 하는지를 잘 알려줍니다. 그것은 바로 감사입니다.

감사는 인간에게만 있는 최고의 덕입니다. 그러므로 감사를 아는 자가 최고의 인격자입니다. 그리고 감사는 은혜를 깨닫는 자에게만 있는 행위이고, 신앙이 성숙되었다는 표시이며, 자신의 육체와 정신과 영적 생활에 유익한 것이고, 더 큰 복을 받는 비결입니다.

우리는 감사를 생활화시켜야 합니다. 감사하는 마음은 우리의 삶을 훈훈하게 지펴주는 불씨와 같은 것입니다. 원망과 불평과 불만이 가득 찬 세계는 한대 지방과 같습니다. 그러나 "감사합니다, 수고합니다." 라는 따뜻한 감사의 말 한마디는 우리의 삶을 꽃동산처럼 아름답게 만들 것입니다. 이 세상의 어떤 것보다 우리의 환경을 변화시키고 문제를 극복하게 하는 것이 바로 감사입니다.

셋째, 최선을 다해 드리는 자세

본문 12절에 보면 예수님께서는 제자들에게 "남은 조각을 거두고 버리는 것이 없게 하라"고 하십니다. 주님은 낭비를 싫어하십니다. 우리는 물질을 낭비하지 말고 항상 좋은 일에 쓰고, 자녀들에게도 그런 모습을 보여주어야 합니다. 사람의 생각으로는 자녀들에게 고액과외를 시켜야 자녀가 복받을 것 같지만, 그 돈으로 어려운 이웃을 돕고 선교사들을 후원하는 모습을 보이면 자녀들이 더 많이 배울 것이요, 하나님께서도 더 복 내려 주실 것입니다.

미국 워싱턴의 한 고등학교에 록펠러의 증손자와 부시 전 대통령의 손자가 함께 학교에 다니는데, 어느 날 함께 공부하는 친구가 그들의 용돈이 얼마나 되는지 궁금해서 물어보았더니 자기 용돈과 같았다고 합니다. 실제로 그 학교에서 록펠러의 증손자가 돈을 가장 알뜰하게 쓰고, 용돈이 모자라면 주말에 아르바이트로 돈을 벌어서 쓴다고 합니다. 그러면서 록펠러 가는 선교와 구제와 교육을 위해서는 엄청난 돈을 씁니다. 그러니까 그 가문은 4대가 지나도록 변함없이 큰 복을 받고 있습니다.

작은 물방울이 모여 큰 강물이 되듯이 작은 땀방울이 모여 큰 인생을 만듭니다. 우리의 모습이 보리떡 다섯 개와 물고기 두 마리처럼 초라해도 우리가 전능하신 하나님의 손에 잡힐 때 큰 역사를 이루는 도구가 될 것입니다. 하나님은 초라한 우리에게도 큰 기대를 가지고 계십니다. 그러므로 항상 하나님께 헌신하고, 헌신할수록 감사하며, 최선의 땀을 흘려서 하나님께서 주신 비전을 성취하는 분들이 되시길 바랍니다.

/ 말씀을 생각하며 /

오늘 묵상한 말씀 요약

오늘 배운 말씀의 교훈

이번 주 나의 기도

나	
가정	
이웃	
교회	
기타	

/ 제 47 주
헌신의 방법

본문 : 행 20:24
찬송 : 522, 333장

"내가 달려갈 길과 주 예수께 받은 사명 곧 하나님의 은혜의 복음을 증언하는 일을 마치려 함에는 나의 생명조차 조금도 귀한 것으로 여기지 아니하노라"(행 20:24)

리빙스턴은 아프리카의 등불이었습니다. 그가 아프리카에서 헌신하고 있었을 때 영국에 있던 동료들이 그를 도울 방법을 의논하고 편지를 보냈습니다. "우리는 자네를 위해 헌신할 수 있는 사람 몇 명을 현지에 보내려고 한다네. 자네가 있는 곳으로 가려면 어떤 길이 좋은가? 가장 좋은 길을 가르쳐 주게." 리빙스턴은 이 편지에 대해 다음과 같은 답장을 보냈습니다. "이곳까지 오는데 길이 있어야만 오겠다는 사람들이라면 의미 없네. 나는 길이 없어도 오겠다는 사람을 원한다네."

첫째, 몸으로 헌신해야 합니다.

롬 12:1 "그러므로 형제들아 내가 하나님의 모든 자비하심으로 너희를 권하노니 너희 몸을 하나님이 기뻐하시는 거룩한 산 제물로 드리라 이는 너희가 드릴 영적 예배니라"

인디언 추장 하나가 그리스도의 복음을 받고 예수님을 그의 구세주로 모셨습니다. 그는 너무나 감사하여 하나님께 무엇인가를 바치고 싶었습니다. 그는 소중히 간직하고 있던 신발을 선교사에게 드리며 하나님께 바치겠다고 했습니다. 선교사는 고개를 저으며 "하나님은 추장의 신발을 원치 않으신다." 라고 했습니다. 추장은 잠시 생각하더니 가장 훌륭한 말 한 필을 끌고 와서 바치겠다고 했습니다. 역시 선교사는 고개를 저으며 하나님께서는 말을 원치 않으신다고 했습니다. 당황한 추장은 입술을 지그시 깨물고 천막으로 들어가더니 추장의 지위를 상징하는 깃털이 달린 모자를 들고 나왔습니다. 선교사는 여전히 머리를 흔들었습니다. 더욱 당황한 추장은 "선교사님, 제가 가장 아끼던 것은 다 내놓았습니다. 이제 내가 가지고 있는 것이라고는 제 몸뿐입니다." 라고 하자 선교사는 "네, 바로 그것입니다. 그리스도는 당신의 몸을 원하고 계십니다." 그 순간 추장의 눈에서 눈물이 흘렀고 자신의 생명을 전적으로 그리스도를 위하여 헌신하기로 서약했습니다.

바울 사도는 헌신하고자 하는 성도들에게 이렇게 말씀하십니다. "너희 몸은 너희가 하나님께로부터 받은 바 너희 가운데 계신 성령의 전인 줄을 알지 못하느냐? 너희는 너희의 것이 아니라 값으로 산 것이 되었으니 너희 몸으로 하나님께 영광을 돌리라"고 했습니다. 우리의 몸은 우리 것이 아니고 그리스도께서 그의 피로 사신 것임을 알아서, 하나님께서 원하시는 대로 사용하시도록 온전히 드릴 때에 하나님은 기뻐하시고 더 큰 영광을 받으십니다.

둘째, 내가 가진 모든 소유로 헌신해야 합니다.

고후 9:6-7 "이것이 곧 적게 심는 자는 적게 거두고 많이 심는 자는 많이 거둔다 하는 말이로다 각각 그 마음에 정한 대로 할 것이요 인색함으로나 억지로 하지 말지니 하나님은 즐겨 내는 자를 사랑하시느니라"

아이젠하워는 대통령 취임 연설에서 다음과 같은 이야기를 했습니다. "저는 꼭 사고 싶은 젖소를 보았습니다. 그래서 늙은 젖소 주인에게 물었습니다. '이 젖소의 혈통은 어떻게 됩니까?' 그러자 젖소 주인은 모른다고 대답했습니다. 저는 또 물었습니다. '이 젖소한테서 일년동안에 얻을 수 있는 우유의 양은 얼마나 됩니까?' 그러자 젖소 주인은 '잘 모르겠습니다. 그렇지만 이 소는 정직한 소이며, 자신이 가지고있는 우유를 모두 줄 것입니다.' 라고 말했습니다. "저는 이 젖소와 같습니다. 제가 가진 모든 것을 여러분께 드리겠습니다."

아이젠하워가 국민에게 했던 이 약속을 우리는 하나님께 해야 합니다. 자신에게 있는 모든 것을 하나님과 하나님의 뜻을 위해 바치는 삶은 진정 풍요로운 삶일 것입니다.

사람들은 보통 자기가 노력하여 얻게 된 재물, 건강, 자녀들 모두가자신의 소유라고 생각하는 경향이 있습니다. 그러나 내가 가지고 있는 지식, 지혜, 건강, 재물, 내 자녀, 내 가정 전부가 주님의 것입니다. 부자든 가난한 자이든 자기가 가진 모든 것은 하나님의 것으로서 하나님을 위하여 써야 할 것입니다.

셋째, 마음을 다해 헌신해야 합니다.

신 6:5 "너는 마음을 다하고 뜻을 다하고 힘을 다하여 네 하나님 여호와를 사랑하라"

헌신이란 마음을 다하여 모든 것을 다하여, 하나님께 영광을 돌리는것입니다. 예수님은 재물이 있는 곳에 마음도 있다고 하셨습니다. 우리의 가진 모든 것을 하나님께 드리고, 우리의 마음도 하나님께 드려야 합니다. 재물을 드리고 우리의 마음을 드리지 않는다면 그것은 외식하는 것이요, 하나님을 기만하는 행위가 됩니다. 온전한 헌신은 우리 마음과 힘과 정성을 다하여 하나님을 사랑하는 것입니다.

/ 말씀을 생각하며 /

오늘 묵상한 말씀 요약

오늘 배운 말씀의 교훈

이번 주 나의 기도

나
가정
이웃
교회
기타

온전한 헌신의 준비

본문 : 요 12:1-8
찬송 : 210, 465장

"마리아는 지극히 비싼 향유 곧 순전한 나드 한 근을 가져다가 예수의 발에 붓고 자기 머리털로 그의 발을 닦으니 향유 냄새가 집에 가득하더라"(요 12:3)

한 대학생이 목사님에게 찾아와서 예수님께 헌신한다는 뜻을 설명해 달라고 했습니다. 목사님은 생각 끝에 '예수님 전, 백지위임장'이라고 쓴 종이를 내밀면서 주소와 성명과 날짜를 쓰고 지장을 찍게 했습니다. 주님이 그 위임장에 무슨 말이나 쓸 수 있도록 위임하는 것입니다. 사람이 어떤 일을 행할 때나 어떤 경기에 임할 때 최선을 다한다는 것은 최고로 아름다운 자세입니다.

첫째, 사랑의 마음으로 준비해야 합니다.

유월절 6일 전에 예수님께서 베다니라는 동네를 찾으셨는데, 그 동네를 찾으시면 꼭 들르시는 곳은 나사로와 그 동생이 살고 있는 집이었습니다. 예수님이 오시자 반갑게 맞이하여 방으로 인도한 오누이들은 각자 자신들의 일로 분주했습니다. 나사로는 예수님과 환담을 나누고, 큰 동생 마르다는 부엌에서 식사 준비하고 있을 때, 막내 마리아는 아주 비싼 순전한 나드 향유가 담긴 옥합을 자신의 방에서 준비하고 있었습니다. 이들 모두 예수님을 맞이한다는 마음으로 최선을 다해 예수님을 접대하려는 사랑의 마음을 가졌다는 것입니다.

내가 주님을 위하여 무엇을 드리려 준비하고 있는가를 지금 한번 생각해 보시기 바랍니다. 진정한 헌신은 주님께 보일 사랑의 마음이 준비되어 있을 때 이루어집니다.

둘째, 최선의 것으로 준비해야 합니다.

베다니 세 오누이 중에 주님께 드리려고 가장 좋은 것을 준비한 사람은 마리아라 볼 수 있습니다. 마리아가 주님께 아낌없이 쏟은 옥합의 한 나드는 지금까지 자신의 몸을 아끼지 아니하고 한 푼 두 푼 모아서 적립한 것입니다. 아마 이 옥합을 모을 때 이것을 모아 조그마한 가게 하나 장만해 떳떳한 삶을 살아보겠다고 이를 악물고 안 쓰고 안 입고 절약했을지도 모릅니다. 이렇게 귀한 물질을 예수님께 드리며 헌신하려고 준비했습니다. 더구나 여자의 자존심인 머리카락으로 주님의 발을 씻으려고 생각하였습니다. 마리아는 자신의 최상의 것을 드리며 주님께 헌신하려 한 온전한 헌신자입니다.

우리는 사랑하는 주님께 무엇을 드리며 헌신하려고 준비했습니까? 마리아처럼 자신을 위하여 깊이 숨겨둔 물질과 자신의 마음이라 할 수 있는 눈물과 자신의 자존심이라 할 수 있는 머리카락을 준비하실 수 있습니까? 여러분도 가장 좋은 것을 준비함으로 최고로 아름다운 헌신이 되시기를 바랍니다.

셋째, 힘을 다하여 드릴 준비가 되어 있어야 합니다.

온전한 헌신이란 자신이 드리고자 하는 것을 마지못해 드린다든지 많이 소유하고 있으니 대충 떼어 드린다는 생각이 아니라 소유한 것 중 가장 귀하고 보배로운 것을 힘을 다해 드리는 것입니다.

가인과 아벨의 제사에서도 하나님이 동생 아벨의 제사만 받으신 것은 아벨의 제사가 완벽해서가 아니라 '첫 새끼' 즉 하나님께 헌신하려고 온 힘을 다해 준비한 마음의 자세가 있었기 때문입니다.

그런데 사도행전에 보면 아나니아와 삽비라 부부가 나오는데 이 부부는 주의 종의 말을 듣고 아름다운 헌신을 드리기로 작정하였습니다. 그러나 도중에 마음이 변해 힘을 다하지 않고 다른 곳으로 빼돌렸습니다. 그 결과 그들 부부는 죽고 말았습니다.

헌신은 마음먹었을 때, 조금이라도 능력이 있을 때 해야 합니다. 힘으로 헌신하고자 하는 이는 자신이 건강할 때 빗자루 한 번 더 들고 제단을 쓸고, 수건 한 번 더 들고 강단 닦기 위해 준비해야 합니다.

온전한 헌신자는 자신이 준비할 수 있을 때 힘껏 준비한 후, 헌신하는 것입니다. 우리에게 끝날까지 준비할 수 있도록 기회가 있는 것은 아닙니다. 때 지난 후 후회하여도 기회는 다시 오지 않습니다. 그러므로 지금 건강하여 마음대로 활동할 때, 지금 시간 낼 수 있을 때, 지금 조금이라도 자신이 가장 아름다운 것을 지니고 있다고 생각될 때 헌신을 준비하시기 바랍니다.

/ 말씀을 생각하며 /

오늘 묵상한 말씀 요약

오늘 배운 말씀의 교훈

이번 주 나의 기도

나
가정
이웃
교회
기타

/ 제 49 주
세리 마태의 헌신

본문 : 마 9:9-13
찬송 : 531, 459장

"예수께서 그 곳을 떠나 지나가시다가 마태라 하는 사람이 세관에 앉아 있는 것을 보시고 이르시되 나를 따르라 하시니 일어나 따르니라"(마 9:9)

    일명 마태라고도 불리는 레위는 직업이 세리입니다. 당시 세리에 대한 유대인들의 시선은 매우 차가웠습니다. 민족의 자본을 빼돌리는 매국노였고, 또한 동족으로부터 부당하고도 과도한 세금을 거두어 자기의 배를 채우는 악질 인간으로 생각하였기 때문입니다. 레위 역시 세리라는 직업 때문에 자신의 이름의 '연합함'이란 뜻과는 거리가 멀게, 따돌림과 멸시를 받았습니다. 그런데 우리는 주님을 만난 세리 마태의 주님께 대한 헌신을 본받아야 할 것입니다.

첫째, 주님을 만난 마태

    눅 19:10 "인자가 온 것은 잃어버린 자를 찾아 구원하려 함이니라"

    주님이 이 땅에 오신 것은 잃어버린 자를 찾아 오신 것입니다. 주님은 레위라 하는 세리가 세관에 앉은 것을 보시고 "나를 좇으라"(Follow me)고 하셨습니다. 주님은 세리인 마태를 복음의 사역자로 부르신 것입니다. 주의 나라와 복음을 위하여 함께 뛰자고 부르신 것입니다. 유대인들은 세리에 대한 강한 부정적 시각에서 비롯된 편견을 버리지 못하여 상종을 거부하는데(눅 5:30), 우리 주님은 기꺼이 다가가 동역을 위한 손을 내미십니다. 주의 나라와 복음을 위한 사역에는 직업의 귀천을 따지지 않습니다. 주의 일에 직업을 가지고 자격 요건을 논할 수 없습니다.

둘째, 모든 것을 버리고 따라나선 마태

주님의 부르심을 받은 마태는 모든 것을 버리고 일어나 주님을 따랐습니다. 그는 현재의 모든 기득권을 포기했습니다. 세리란 직업도, 그로 인한 소득도 포기했습니다. 비록 비난 받는 직종인 세리라 할지라도 부와 명예를 누릴 수 있는 특권이 주어져 있습니다. 부당한 세금 징수를 하지 않더라도 안정된 생활을 얼마든지 할 수 있습니다. 하지만 우리 주님의 부르심 앞에 그는 조금도 주저하지 않고 모든 것을 내려놓습니다. "나를 따르라"는 주님의 부르심이 무엇을 의미하는지를 그는 알고 있었음에 틀림 없습니다. 지금 이 자리에서 결단해야 할 성질의 부르심임을 이해하고 있었습니다.

그는 주님이 부르시는 그 순간을 위해 이미 모든 준비를 하고 있었다고 볼 수 있습니다. 주님이 부르시면 언제든지 모든 것을 버리고 따라나설 준비가 되었던 것입니다. 현재 누리고 있는 모든 특권을 버리고 기꺼이 우리 주님의 부르심에 바로 화답한 레위의 신앙이 아름답습니다. 우리도 주님이 부르시면 기꺼이 모든 것을 버리고 따라나설 수 있는 믿음이 있기를 원합니다.

눅 18:28-30 "베드로가 여짜오되 보옵소서 우리가 우리의 것을 다 버리고 주를 따랐나이다 이르시되 내가 진실로 너희에게 이르노니 하나님의 나라를 위하여 집이나 아내나 형제나 부모나 자녀를 버린 자는 현세에 여러 배를 받고 내세에 영생을 받지 못할 자가 없느니라 하시니라"

셋째, 자기의 모든 것을 주님을 위해 사용하는 마태

주님의 부르심에 최우선 순위를 둔 세리 레위는 모든 것을 버리고 주님을 따라 나섰습니다. 주의 나라와 복음을 위한 온전한 헌신을 합니다. 그리고 제일 먼저 한 일은 주님을 대접한 일입니다.

눅 5:29 "레위가 예수를 위하여 자기 집에서 큰 잔치를 하니 세리와 다른 사람이 많이 함께 앉아 있는지라"

자신의 집으로 주님을 모신 마태는 성대한 잔치를 베풉니다. 많은 동료 세리들과 지인들이 함께한 자리였지만 어디까지나 주인공은 우리 주 예수 그리스도입니다. 이것은 레위의 주님께 대한 깍듯한 예우입니다. 자신의 인생의 주인은 이제 주 예수 그리스도임을 모든 사람들 앞에서 공적으로 보여 준 행동입니다. 좋은 것을 주님과 나누고 싶은 심정도 담겨 있었습니다. 자신의 물질도 이젠 주님을 위한 일에 쓰여지기를 원하는 마음도 있었습니다. 주님을 위한 것에는 아까울 것이 없다는 자세도 나타납니다.

부름받아 나선 세리 레위가 우리 주님을 위한 큰 잔치를 베풀었던 그 자리는 자신 같은 천한 인생을 불러 주심에 대한 감격과 감사를 표현하는 자리이며, 철저한 주종의 관계의 시작을 엄숙히 선언한 헌신의 자리였습니다. 우리들도 주님의 부르심을 받고 주님의 백성이 되었으므로, 우리의 모든 것을 주님을 위하여 사용할 수 있는 온전한 헌신의 생활을 하여야 할 것입니다.

/ 말씀을 생각하며 /

오늘 묵상한 말씀 요약

| |
| |

오늘 배운 말씀의 교훈

| |
| |

이번 주 나의 기도

나
가정
이웃
교회
기타

교제

그들이 사도의 가르침을 받아
서로 교제하고 떡을 떼며
오로지 기도하기를 힘쓰니라
(행 2:42)

/ 제 50 주
교제의 단계

본문 : 엡 1:1-6
찬송 : 54, 429장

"그 기쁘신 뜻대로 우리를 예정하사 예수 그리스도로 말미암아 자기의 아들들이 되게 하셨으니"(엡 1:5)

　신앙의 가족들을 사랑하는 것을 일컬어서 성도의 교제라고 말합니다. 교제란 하나님의 백성들을 사랑하는 것입니다. 하나님을 사랑하면 그 형제를 사랑하는 것이 당연합니다. 신앙의 형제자매를 사랑하는 것은 우리가 주께로 받은 계명입니다.
　하나님은 사랑의 하나님이시기 때문에 사랑하면 할수록 하나님을 더 잘 알아갈 수가 있습니다. 그리고 하나님은 당신의 자녀들이 사이좋게 지내길 바라십니다. 여러분의 자녀들이 사이좋게 지내길 바라듯이 하나님도 우리가 잘 지내기를 원하십니다. 서로 사랑하는 것을 배우는 것은 영원을 사는 연습을 하는 것입니다. 하나님은 여기 땅위에서 우리가 그 연습을 하기를 바라십니다.

첫째, 교인되기 단계

　떠돌이는 어느 가정의 식구가 될 수도 없고 어느 교회의 교인이 될 수도 없습니다. 한 주일은 이 교회에, 다른 주일은 저 교회에 다니는 사람은 주님이 바라시는 성도가 될 수 없습니다. 그런 분들은 오늘이라도 자기가 속할 교회를 정하셔야 합니다. 꼭 우리 교회가 아니더라도 좋습니다. 어느 교회에든지 속해야 하나님을 기쁘시게 할 수 있고 제대로 된 신앙생활을 할 수가 있습니다. 성도가 서로 교통하는 것은 교회를 선택해서 등록할 때부터 시작됩니다. 어느 교회든지 여러분이 선택해서 소속되어야 합니다.

엡 2:19 "그러므로 이제부터 너희는 외인도 아니요 나그네도 아니요 오직 성도들과 동일한 시민이요 하나님의 권속이라"

그리고 세례를 통해서 우리는 그리스도와 하나된 것을 세상에 알리는 것입니다. 즉 세례를 받는 것은 옛 사람이 죽었고 새 사람으로 살아난 것을 알리는 것입니다. 그러므로 알리는 것으로 끝나는 것이 아니라 새로운 헌신의 삶을 살아가는 것이 신앙인의 모습입니다.

둘째, 우정 나누기 단계

우리는 우리의 인생을 혼자 살아갈 수는 없습니다. 더불어 살아가는 것입니다. 우리 인간은 친구를 필요로 하는 존재입니다. 친구와 함께 지내며 나누는 것은 교제에 있어 중요합니다. 만나고 나누는 것은 깊은 우정을 위해서 꼭 필요한 요소입니다. 만나지 않고 우정을 나눌 수 없습니다. 나눔 없이 우정을 다져갈 수가 없습니다. 자주 만나야 관계가 깊어집니다. 우정을 다지는 데는 시간이 필요합니다.

우리들의 사회는 매우 분주합니다. 누구든지 한가하게 살아갈 수 없는 세상입니다. 바쁘게 살다 보면 친구들을 만나는 시간도 없게 되고, 자연히 멀어지게 됩니다. 친구는 물론 이웃과의 관계도 멀어지게 됩니다. 이럴 때일수록 우리 믿음의 식구들은 모이기를 힘쓰고, 하나님의 사랑으로 나누는 삶을 살아야만 합니다.

나눔은 어려운 것이 아니며, 많은 물질이 드는 것도 아니며, 억지로 하는 것도 아닙니다. 관심을 갖는 것이며, 관심을 상대방에게 표현하는 것입니다. 서로가 관심을 가지게 되면 물질적인 나눔도 자연스럽게 이루어지게 됩니다.

셋째, 함께 일하는 단계

우리들의 신앙이 성숙하기 위해서는 교회의 각 기관에 소속해야 합니다. 그리고 소속한 기관에서 서로 사귀고 맡겨지는 일을 감당함으로 성숙하게 됩니다. 말하자면 집안에서 자기 몫을 감당하는 것과 같습니다. 그래서 가끔 "당신은 몇 구역에 속해 있습니까?" 라고 물어보고 확인하는 것도 필요합니다. 자기 구역이 어디인지 말을 못하는 사람은 소그룹 교제에 아직 참여하지 않는 사람입니다.

교회도 가정과 같습니다. 가족들은 서로 책임을 공유해야 됩니다. 힘들고 귀찮은 일은 서로 도와야 합니다. 영적 가족인 교회도 마찬가지입니다. 숨어서 적당하게 왔다갔다 하면 쉽고 편하지요. 그러나 신앙의 성장은 이루어지지 않습니다. 소속되어서 함께 일하고 서로 섬길 때에 신앙이 자라게 됩니다. 함께 일하고 서로 섬김으로 아주 가까운 관계가 됩니다. 신앙 안에서 형제와 자매들을 자기의 가족처럼 돌보며, 힘든 일을 서로 도와야 합니다. 이것이 진정한 신앙인의 교제입니다.

롬 12:10 "형제를 사랑하여 서로 우애하고 존경하기를 서로 먼저 하며"

여러분은 지금 어떤 차원에서 성도가 서로 교통하는 자리에 있습니까? 저는 이제 여러분 모두를 하나님이 설계하신 자리로 초청하고 싶습니다. 하나님의 가족으로 서로 사귀는 소그룹에 참여하기를 바랍니다.

/ 말씀을 생각하며 /

오늘 묵상한 말씀 요약

오늘 배운 말씀의 교훈

이번 주 나의 기도

나
가정
이웃
교회
기타

/ 제 51 주
성도의 나눔의 삶

본문 : 고후 13:11
찬송 : 406, 436장

"마지막으로 말하노니 형제들아 기뻐하라 온전하게 되며 위로를 받으며 마음을 같이하며 평안할지어다 또 사랑과 평강의 하나님이 너희와 함께 계시리라 거룩하게 입맞춤으로 서로 문안하라"(고후 13:11)

   아이들을 키울 때 동생들이나 친구들과 나누는 것을 배우도록 하는 것은 근본적인 자녀교육 항목입니다. 그렇게 열심히 어릴 때부터 배웠는데도 어른이 되도록 다 못 배운 사람들이 있는 것 같습니다. 이와 같이 신자가 되었는데도 아직도 나누는 것이 서툰 사람들이 있습니다. 하나님께서는 영적으로 성숙한 성도가 되기 위해서 서로 나누기를 바라십니다. 다른 성도들과 더불어 나누어야 합니다. 믿지 않는 이웃들과도 나누어야 합니다. 움켜쥐고 외톨이로서 신앙생활은 할 수 없습니다.

   그러면 우리는 무엇을 나눌 수 있을까요?

   첫째, 우리의 경험을 나눌 수 있습니다.

   우리의 경험을 나눌 때 우리는 성장합니다.

   잠 27:17 "철이 철을 날카롭게 하는 것 같이 사람이 그의 친구의 얼굴을 빛나게 하느니라"

경험으로부터 배우는 사람은 지혜로운 사람입니다. 더 나아가 남의 경험으로부터 배우는 사람은 더 지혜로운 사람입니다. 왜냐하면 실수를 자신이 몸소 하지 않고도 알 수 있기 때문입니다.

자기 자신이 시련을 겪고 잘못을 경험해서 배우려고 하는 것은 인생을 아주 고달프게 살기로 작심한 사람입니다. 모든 것을 개인 경험을 통해서 배우려 하면 다 배우고 나면 어쩌면 임종 시간이 다가올지 모릅니다. 성숙에 이르는 지름길은 다른 사람의 경험의 통해서 배우는 것입니다.

우리 스스로 모든 것을 다 경험하기에는 인생이 너무 짧습니다. 사람마다 모든 것을 다 아는 것이 아닙니다. 내가 모르는 것을 다른 사람들이 알 수도 있습니다. 그러므로 우리가 서로 어울린다면 서로에게서 배울 수 있습니다. 경험을 나눌 때에 서로 자라도록 도울 수 있습니다.

둘째, 우리의 가정에서 교제를 나누는 것입니다.

벧전 4:9 "서로 대접하기를 원망 없이 하고"

큰 모임에서는 교제하기가 쉽지 않습니다. 소그룹이어야 교제가 쉽습니다. 가정은 함께 모여서 교제를 나누기에 좋습니다. 예배는 이렇게 대가족으로 모여야 됩니다. 그러나 교제를 나누기에는 소그룹에 속해야만 합니다. 그래서 구역 모임이 있는 것입니다. 서로 친구가 되는 두 번째 차원의 교제를 위해서 구역예배를 가정마다 돌아가면서 하는 것이 이상적입니다.

초대교회의 예배모임은 모두 집에서 이루어졌습니다. 가정에서 친교를 나누고 예배를 드렸기 때문에 불길과 같이 복음이 전파되었던 것입니다. 그러나 우리의 편의에 의해서 건물을 짓고 투자하기 시작한 다음부터는 교회의 성장 속도가 저해되고 있습니다. 하나님께서는 우리가 가정을 열어서 참된 교제를 나누라고 말씀하고 있습니다.

셋째, 우리의 문제를 나누어야 합니다.

갈 6:2 "너희가 짐을 서로 지라 그리하여 그리스도의 법을 성취하라"

기쁨을 나누면 두 배가 되고 슬픔은 나누면 반으로 줄어든다는 말이 있습니다. 그래서 성경은 우는 자들과 함께 울고 기뻐하는 자들과 함께 기뻐하라고 명합니다. 소그룹에서 큰 소리로 웃는 것이 조금도 어렵지 않습니다. 우리의 문제, 우리의 고통을 함께 나눌 때 우리는 도움을 주고받습니다. 그렇다고 세상 모든 문제를 해결하여 주는 것이 아니라 다만 들어주기만 해도 됩니다. 해결해 주려고 덤비는 것만큼 어리석고 잘못된 것도 없습니다. 들으면서 위로해 주고 같이 기도해 주기만 해도 기운을 차리고 일할 수 있는 사람들이 많습니다.

돈 가지고 하는 일은 한계가 있습니다. 그러나 마음을 나누는 일은 우리가 조금만 여유를 가지면 얼마든지 할 수 있고 그것은 돈보다 더 큰 힘을 사람들에게 준다는 것을 아셔야만 합니다.

히 10:25 "모이기를 폐하는 어떤 사람들의 습관과 같이 하지 말고 오직 권하여 그 날이 가까움을 볼수록 더욱 그리하자"

부담스럽다는 것과 게으름 때문에 그리고 바쁘다는 핑계로 우리는 모임에 빠지곤 합니다. 그러나 소그룹이야말로 나눔을 경험하는 아주 좋은 환경입니다.

/ 말씀을 생각하며 /

오늘 묵상한 말씀 요약

오늘 배운 말씀의 교훈

이번 주 나의 기도

나
가정
이웃
교회
기타

지혜로운 만남과 교제

본문 : 고전 5:9-13
찬송 : 426, 425장

"이제 내가 너희에게 쓴 것은 만일 어떤 형제라 일컫는 자가 음행하거나 탐욕을 부리거나 우상 숭배를 하거나 모욕하거나 술 취하거나 속여 빼앗거든 사귀지도 말고 그런 자와는 함께 먹지도 말라 함이라"(고전 5:11)

인생을 살면서 누구를 만나고 교제하느냐는 우리 운명에 결정적인 영향을 줍니다. 우리는 사회적 존재이므로 싫든 좋든 사람을 만나게 됩니다. 그런데 우리 인생에 있어서 가장 중요한 만남은 예수 그리스도와의 만남입니다. 이는 생명에 관한 문제입니다. 따라서 우리는 예수님을 만남으로 영생을 얻게 된 것을 항상 감사드려야 합니다.

사도 바울은 교회의 거룩한 순결을 강조하면서 고린도 교인들에게 신앙인의 올바른 만남과 처신을 오늘 본문에서 강력히 권면하고 있습니다. 교회 안의 음행하는 자, 술 취한 자, 탐람하는 자, 후욕하는 자, 남을 비방하는 자, 사기 치는 자, 이런 자들은 쫓아내어서 교회의 거룩을 지켜야 되고 상종하지도 말아야 되지만, 교회 밖의 세상에서는 그들을 지혜롭게 만나라고 합니다.

첫째, 교회 안의 만남과 교제

교회 밖의 사람들에 대한 판단은 하나님께 맡겨야 되지만, 교회 안에 술 취하는 사람, 방탕한 사람, 음행하는 사람, 사기 치는 사람, 후욕하는 사람, 남을 비방하고 시기 질투하여 모함하는 병적인 사람이 있으면 교회가 욕을 먹고 하나님의 영광이 땅에 떨어지고 복음이 약해지고 교회의 능력이 떨어지며, 다른 성도들에게 영향을 주어 교회 질서를 무너지게 하고, 교회를 무기력하게 만듭니다. 이런 사람들은 교회가 징계를 하고, 듣지 않으면 출교(교회에서 제명하는 것)를 할 수 있습니다.

요한계시록에 나오는 빌라델비아 교회는 말씀과 성령이 충만하고 전도에 열심인 주님이 기뻐하시는 살아 있는 교회입니다. 이런 교회 앞에 주님은 열린 문을 두시고 교회 안에 모든 인생문제를 갖고 나오면 해결해 주시고 생명과 능력을 주십니다. 그러나 라오디게아 교회는 죽은 교회입니다. 라오디게아라는 말은 죽어 썩은 냄새가 나는 무리들이라는 뜻입니다. 영적으로 교만하고 오염된 죽은 교회입니다.

따라서 교회와 성도는 거룩함과 능력을 유지하고 하나님의 성령이 생동적으로 역사할 수 있도록 항상 깨어 기도하며 성별되어야 하고, 교회를 지켜야 합니다.

둘째, 교회 밖의 사귐

성도들이 사회생활 속에서는 음행한 자이든, 술 취한 자이든, 방탕하는 자이든, 후욕하는 자이든, 탐람하는 자이든, 누구든지 지혜롭게 대하라고 합니다. 그렇게 하지 않고는 전도도 할 수 없기 때문입니다. 우리는 세상에 보냄 받은 자이기 때문에 빛과 소금의 능력을 배양하여 그들에게 예수 생명과 예수 능력, 복음을 전하기 위해서는 지혜롭게 사귀어야 합니다.

사귐을 잘못해서 제일 먼저 망한 사람이 이브입니다. 이브는 사귀어서 안 될 뱀과 사귀며 뱀과 대화하다가 선악과를 따먹고 망했습니다. 그러나 다윗은 좋은 친구 요나단을 사귐으로 죽을 자리에서 살고 그의 길이 귀하게 되었습니다. 전도 목적 외에는 아무나 사귀지 말고, 믿음과 은혜가 충만한 사람과 사귀는 것이 덕이 되는 것입니다.

셋째, 우리가 가져야 할 좋은 사귐의 방법

성도들이 사람을 만날 때는 항상 말과 행동을 조심해야 합니다. 언제나 너그럽게 이해하는 마음과 친절하게 대해야 합니다. 아무리 악한 사람이라도 구원받도록 도와주어야 합니다. 그리스도인은 물건을 살 때도, 물건을 팔 때도 항상 주께 하듯 정성을 다하고 상대방의 유익을 먼저 생각해야 됩니다.

그리고 늘 미소 띤 얼굴로 사람들을 만나고, 기쁨으로 대해야 합니다. 마음에서부터 나오는 웃음으로 대하는 것이 가장 좋습니다. 그러나 웃음이 나오지 않으면 연습이라도 해서 웃어야 하는 것입니다.

교회 밖의 사람을 대하는 우리의 가장 좋은 마음의 다짐은 '내가 만나는 모든 사람을 전도해야지.' 하는 것입니다. 우리의 말로도 전도하고 우리의 행동으로도 전도해야 합니다. 빛을 발하는 우리가 되어야 할 줄로 믿습니다.

롬 13:12-14 "밤이 깊고 낮이 가까웠으니 그러므로 우리가 어둠의 일을 벗고 빛의 갑옷을 입자 낮에와 같이 단정히 행하고 방탕하거나 술 취하지 말며 음란하거나 호색하지 말며 다투거나 시기하지 말고 오직 주 예수 그리스도로 옷 입고 정욕을 위하여 육신의 일을 도모하지 말라"

우리의 삶이 예수님의 옷이 되어 삶에서 예수님이 나타나 우리를 만나는 사람들에게 복음이 증거되어야 합니다. 우리의 만남을 통해 상대방이 도움을 받고, 우리의 미소로 상대방이 행복을 얻고, 우리의 복음 전도로 상대방이 구원받을 수 있기를 바랍니다.

/ 말씀을 생각하며 /

오늘 묵상한 말씀 요약

오늘 배운 말씀의 교훈

이번 주 나의 기도

나
가정
이웃
교회
기타

교회 안의 인간관계

본문 : 딤전 5:1-16
찬송 : 218, 595장

"늙은이를 꾸짖지 말고 권하되 아버지에게 하듯 하며 젊은이에게는 형제에게 하듯 하고 늙은 여자에게는 어머니에게 하듯 하며 젊은 여자에게는 온전히 깨끗함으로 자매에게 하듯 하라"(딤전 5:1-2)

우리가 이 세상을 살아가는 동안에 인간관계처럼 중요한 것이 없습니다. 그것은 하나님의 교회 안에서도 마찬가지입니다. 그래서 사도 바울은 디모데에게 교회 안에서 하나님의 말씀을 따라 어떻게 하면 하나님의 기뻐하실 만한 인간관계를 맺어 갈 수 있는가 하는데 대해서 말씀하고 있습니다.

오늘 우리가 살아가고 있는 이 시대는 가정은 핵가족화 되어가고 산업은 자동화, 기계화 되어 가고 있어서 이런 사회 속에 살아가고 있는 사람들은 저마다 외로움을 느끼고 있습니다. 이러한 때에 어떻게 하면 가족적인 일체감을 이루어 나아갈 수 있는가 하는 것이 중요한 관심사가 아닐 수 없습니다. 오늘 주신 말씀에서 성도들 간의 가져야 할 자세에 대해서 말씀하고 있습니다.

첫째, 노인들에 대하여

딤전 5:1 "늙은이를 꾸짖지 말고 권하되 아버지에게 하듯 하며 젊은이에게는 형제에게 하듯 하고"

여기서 주의해야 할 것은, 늙은이에 대해서는 꾸짖어야 할 일이 있어도 꾸짖지 말라는 말씀입니다. 나이가 많아지면 하나의 생리적인 현상으로써 자제력을 상실하기가 쉽습니다. 그래서 노인이 되면 본의 아니게 실수하는 경우가 종종 있습니다. 이런 때 노인들의 실수를 용납할 수 있는 아량이 젊은 세대에게 필요합니다.

책망이란 책망하는 것을 받아 소화시킬 수 있는 세대에게만 교육적인 효과가 있습니다. 노인들은 이미 생각이 굳어져 버렸기 때문에 그만큼 효과가 없습니다. 차라리 노인들을 향해서는 더욱 이해하고 용납하는 자세가 우리 젊은 세대에게 더 필요하다는 것을 성령께서 아셨기 때문에 이런 실제적인 교훈을 우리에게 주셨습니다.

늙은 남자에게는 아비에게 하듯 하고 늙은 여자를 향해서는 어미에게 하듯 하라고 했습니다. 이것은 교회에서 해야 하는 아름다운 일 중에 하나입니다. 교회에서 노인들을 잘 모시는 인간관계를 통해서 젊은이들로 하여금 훌륭한 인격적 성숙을 이룰 수 있는 기회를 만들어 주는 결과를 갖게 될 것입니다.

둘째, 젊은이에 대하여

딤전 5:2 "늙은 여자에게는 어머니에게 하듯 하며 젊은 여자에게는 온전히 깨끗함으로 자매에게 하듯 하라"

젊은 여자에게 대해서는 "온전히 깨끗함으로 자매에게 하듯 하라"고 하셨습니다. 우리가 자매에게 하듯 교회 안에서 젊은 여자를 대할 수 있다면 교회 안에서의 이성교제가 얼마나 순결한 교제가 될 수 있겠습니까? 그러면 성경에 왜 이런 단서가 붙었을까요? 교회는 어떤 의미에서는 다른 어느 단체보다도 이성의 접촉이 빈번한 장소가 되기 때문입니다. 그만큼 교회는 유혹을 많이 받을 수 있는 곳입니다. 제가 어릴 때는 교회를 비꼬아 말하는 사람들이 연애당이라고 했습니다. 교회에서 건전한 이성교제가 이루어지지 아니하면 사회로부터 비난의 대상이 될 수 있고, 사회의 도덕질서에 흠집이 가게 하는 결과를 초래할 수도 있다는 사실을 기억해야 합니다.

우리가 항상 기억해야 할 것은 우리는 다 인간이요 인간은 누구나 다 약하다는 것을 인정하고 시험받을 수 있는 기회를 만들지 않도록 서로가 조심해야 할 것입니다.

딤전 5:3 "참 과부인 과부를 존대하라"

셋째, 외롭고 아픈 삶을 사는 사람들에게

오늘 말씀에서 참 과부인 과부를 존대하라고 했고, 젊은 과부는 거절하라고 했습니다. 부모에 대한 공경의 책임은 하나님께서 일차적으로 그 가족, 그 자녀에게 주신 것입니다. 자손이 없다면 문제가 다릅니다. 그러나 자손이 있을 때는 그들이 부모를 돌보고 공경하는 것이 창조시부터 지금까지 변하지 않는 하나님의 원칙입니다.

젊은 과부는 거절하라고 했는데, 그 당시에도 교회가 정한 대로 60세 이상이 안 되면 참 과부에 들어갈 수 없습니다. 성경은 젊은 과부에게 재혼을 해서 정상적인 가정생활을 권하고 있습니다. 이런 교훈이 필요했던 까닭은 그당시 나이 많은 과부가 교회에서 잘 대접받는 것을 보고서 아마 젊은 과부 가운데서도 그렇게 대접받기를 원하는 사람이 있었던 것 같습니다.

늙은이들에게는 부모에게 하듯 하고, 젊은 남자와 여자에게는 형제자매에게 하듯 하고, 젊은 과부는 자신의 남은 생애를 주님을 위해 바치는 삶이 보람되고 아름다운 삶입니다.

/ 말씀을 생각하며 /

오늘 묵상한 말씀 요약

오늘 배운 말씀의 교훈

이번 주 나의 기도

나
가정
이웃
교회
기타